中学校・道徳授業の新機軸

「書く活動」により道徳的価値の自覚を深める

品川 利枝 著
序 林 忠幸

東信堂

序

品川さんと私とは、大学時代同級生であり、また最近ではあるが、一時期「師弟」の関係にあった。何とも不思議なご縁である。同じ大学に学びながら、当時はお互いに知る由もなかった。卒業後、品川さんは中学校教師の道を、私は小学校教師から研究者の道を歩んだ。

最初に出会ったのは、平成八年一一月に日本道徳教育学会研究大会が北九州市で開催され、そのシンポジウムの提案者として登壇したときであった。「生きる力を育む道徳教育」というテーマで、品川さんは中学校教育の立場から、私は研究者の立場からの提案であった。しかしそのときも、親しく言葉を交わすこともなかった。

もともと数学教育が専門の品川さんが、北九州市立教育センターの指導主事や主幹として、また中学校の校長として道徳教育の領域で活躍されていることは、仄聞していた。そのころは、中学校の先生なのに、感心な人だなという位の受けとめ方であった。その品川さんから、定年退職後大学院に進学し、道徳教育の研究をしたいので指導をしてほしいとの申し出を受けた。晴天の霹靂であった。それ相当の経歴の持ち主であり、いまさら勉強しなくてもとの思いから、その動機を問いただしたのであった。

すでに触れたように、品川さんは中学校の数学の教師であった。もちろん中学校の教師でも、クラス担任になれば、そのクラスの「道徳の時間」は担当しなければならないのだから、道徳教育に関心をもつのは当然のことである。しかし一般的には、その関心の度合いは小学校の教師にくらべると低いといえよう。品川さんにとって、道徳教育との本格的な出会いは、福岡教育大学附属小倉中学校の研究主任として、道徳の授業研究に取り組んだときではなかったかと思う。

福岡教育大学の附属中学校には、昭和四七年から続いている「三附中研」という世に誇るべき教科領域における共同研究の歴史がある。それは、大学の教科専門の教官と三つの附属中学校の教師たちによる、教科ごとに編成された横断的な研究組織（通称「教科研」）である。その後、道徳や特別活動を中心にした、学校ごとの研究の必要性が叫ばれ、それぞれの学校と大学の教育学・心理学の教官との共同研究組織（通称「学校研」）が編成されたのであった。私は別の附属中学校にかかわったが、附属小倉中学校は道徳教育の研究に取り組んだのである。

品川さんは、研究主任として当時文部省の教科調査官であった金井肇先生の指導を受けられ、その研究成果を一冊の本にまとめあげられた。その本は今日でも高い評価を得ている福岡教育大学附属小倉中学校著『楽しい道徳の授業』である。この研究はその後も引き継がれ、三部作として出版されている。

このような実績をもとに大学院へ進学した品川さんは、「中学生の道徳的価値意識形成についての実践的研究」を修論テーマに定めて、再就職した私立中学校で自ら教壇にたって道徳の授業研究に取り組んだのであった。修士二年の夏ごろには、修士論文はほぼできあがっていた。そこで、私は品川さんに日本道徳教育方法学会の研究大会で発表することをすすめたのであった。

現在、品川さんは福岡教育大学の非常勤講師として、「道徳教育の研究」の講義を担当している。中学校の道徳教育の活性化のために、将来中学校の教師になる学生たちに、これまでの実践と研究の蘊蓄をかたむけて情熱をこめて語りかけている。その様子も、この著書に語られている。

さて、この書はこのような品川さんの畢生の大業である。修士論文にまとめたものを、いつかは世に問いたいとの思いはかなり早くからもっていたようである。昨年であったか、品川さんから出版の相談を受けた。修士論文そのままではなくて、中学校の先生たちに読んで理解してもらえるように書きなおすことを前提に、原稿に目を通すことと出版の斡旋を引き受けたのである。できあがった原稿に手を入れては送り返し、ときには大幅に書き改められたものを読んで面食ったこともあった。このように、何度もやり取りしながら、二人がおおよその線で合意したものが、この書である。

ここで、この著書の書名『中学校・道徳授業の新機軸』について釈明をしておきたい。この書名をすすめたのは私である。小学館発行の『中学教育』(二月号増刊)に、品川さんも執筆者の一人である特集『'99 道徳教育の新機軸』があり、それから借りたものである。品川さんは、本当に道徳的価値の自覚を深めるためには、「発問＝応答」方式で構成される道徳の授業から脱皮し、「書く活動」を中心に道徳授業を構成しなければならないと主張する。この主張は、まさしく中学校の道徳授業の「新機軸」を打ち出したものと考えることができる。そういうわけで、このような書名をすすめたのである。

最後に、この出版も東信堂の下田勝司社長にお世話になった。良心的な学術書の出版を経営理念とされている下田社長に、厚かましくもこの書の出版をもちこんだ私の非礼を寛容にも許してくださり、それどころか実践的研究のこの書を高く評価され、引き受けてくださったのである。心からお礼を申し上げたい。また、労多い編集作業をすすめて、見事な構成をしてくださった編集部の松井さんにも感謝の気持ちでいっぱいである。

平成一四年二月六日

福岡教育大学名誉教授
神戸親和女子大学教授
林　忠　幸

目　次

中学校・道徳授業の新機軸——「書く活動」により道徳的価値の自覚を深める

中学校・道徳授業の新機軸

――「書く活動」により道徳的価値の自覚を深める

序章

「僕を生徒会長に選んでくれてありがとう。念願の会長になることができました」と、全校生徒のまえで自分の気持ちを堂々と表明する生徒。真面目で勉学にも熱心な生徒のこの前向きな姿勢。それを当然のように受け入れて、明るく拍手する生徒たち。

メロスのように走れ、勝敗にこだわらないで自分との闘いの中で走れ。ある学級から提案された「走れ！　メロスのように」というテーマが、体育大会の全校目標に決まった。全校テーマ選定における生徒たちのこのしなやかな感性と選択眼。

合唱コンクールの学級練習風景を廊下から見ていただけなのに、「先生、ありがとうございます」と、感謝の言葉が返ってくる。懸命な練習をしているからこそ、廊下で見てもらうだけでも嬉しいのである。

「先生、こんにちは」と、花に水をやったり草を取ったりしている教師に声をかけていく。生徒に背を向けて作業しているのだから、教師の後ろを黙って通ることもできたのに。

中学生たちは、それぞれにみずみずしい感性と知性と徳性をもっている。世に痛ましい事件や事故が多発しているけれども、そのような中学生の問題事象にだけ目を向けるのではなくて、問題行動を繰り返す生徒たちも含めて、すべての生徒たちの中に、こういう資質が息づいていることを誇りに思いたいものである。このみずみずしい感性と知性と徳性こそが、道徳の時間を含めて中学校の教育の基盤であることを、私たちは確認しなければならないと思う。

教育は、本来このような生徒たちのみずみずしい感性と知性と徳性にねざし、それをより一層育んでいくことにあると私は考える。道徳の時間の指導も、教科の指導と同じように、意図的で計画的な授業の取り組みを通して、生徒たちのみずみずしい感性と知性と徳性を育んでいかなければならない。そういう希望と展望のもとに中学校道徳のルネッサンスへの期待をこめてこの著書を書いた。

ところで、中学校の道徳の時間は、「なにを」「どのように」学習する時間なのであろうか。自明のことのようでありながら、このことはまだまだ具体化されていないように思う。「なにを」という学習の対象が明確になることによって、中学生の学習にふさわしい「どのように」が創造されるのではないだろうか。

中学校の道徳の時間は、「生徒の現在と将来に関わるさまざまな生き方に関する見方や考え方」を一人ひとりに獲得させる時間だと考える。そしてこの生き方に関わるさまざまな見方や考え方は、道徳資料を最初に読んだときに書く生徒の感想文の中にすでに表れていると考える。

感想文には、生徒が最も注目することについて、生徒の価値意識をもとに生徒の見方や考え方が表明されている。道徳資料の中の事象について、さまざまな解釈や判断が明らかにされている。このような一人ひとりの見方や考え方を学級で集約することによって、生き方に関わるさまざまな見方や考え方を学習の場に呼び込むことができるのである。これが、私の「なにを」「どのように」の中心部分である。

ここで学習の対象とした「生徒の現在と将来に関わるさまざまな生き方に関する見方や考え方」と、学習指導要領で示されている道徳的価値を含んだ内容としての「内容項目」と、道徳教育でしばしば使われる「道徳的価値」との関連について私の考えを明らかにしておきたい。

この三つはそれぞれに異なる意図と内容をもっていることは確かなことであるが、授業を受ける生徒からみるとほぼ同じ内容であると考えてよいのではないだろうか。私はこのように考えて、そのときどきに適した表現を三つの中から選択して使うようにしている。

「生徒の現在と将来に関わるさまざまな生き方に関する見方や考え方」という表現は、まず資料があってそれから集約されるさまざまな生き方に関する見方や考え方を学習するというこの授業の展開にあわせたものである。一般的には「内容項目」をもとに「道徳資料」が考えられ、つぎの段階としてその「道徳資料」をもとに「内容項目」が焦点化される。この授業では、第二段階の「道徳資料」からいくつかの「内容項目」を具体化することをもっとも大切にしている。その結果、「生き方に関わる見方や考え方」は、「内容項目」よりも、細分化したものであったり、より基本的なものであったり、より総合的なものであったりすることができるのである。

このように、三つの内容は学習内容の違いではなくて学習方法の違いだと考えている。

「生き方に関わる見方や考え方」の学習には、数学的な見方や考え方としての「相似」や「垂直」の学習と同じような活動が想定される。いままで直観的に感覚的にとらえていた「相似」や「垂直」を数学の土俵にのせそれを一般化し活用できるようにするように、生き方に関わるさまざまな見方や考え方を生徒の意識の土俵にのせそれを一般化し活用できるようにする学習が考えられねばならない。数学的な概念形成と同じように、道徳的価値の概念形成についても、それにふさわしい学習が設定されねばならないのである。

「書く活動を中心にした道徳授業の展開」は、「価値」や「道徳的価値」や「道徳的価値の概念形成」についての私なりの理解のもとに、道徳授業を教科授業と同じような方法で取り組もうとする極めて実践的なものである。中学生と中学生を指導する教師のための実践的な提言になれば幸いである。

第一章　書く活動を中心にした道徳授業の構想

第一節　発問と応答で構成する授業からの脱皮

みずみずしい感性と知性と徳性をもっているすべての中学生を対象に、道徳的価値の概念形成という授業内容と一人ひとりの学習を成立させる授業方法とに対応できる展開として「書く活動を中心にした道徳授業」を実践してきた。その内容を明らかにするにあたって、中学校の道徳授業における「発問と応答」を中心にした一斉授業の問題点を考えることによって、新しい試みの必要性を具体化しておきたい。

「発問と応答」による中学校の道徳授業を思い起こして欲しい。教師が発問すると数名の生徒が応答する。生徒の応答内容は、ほとんどが簡単な短文調で終わる。応答内容をもとに新しいものを創り上げるのは教師であって生徒ではない。発言する生徒もだんだん固定化してきて、その内容も教師が期待しそうなものになっていく。教師にとっても生徒にとっても苦しい授業なのである

どの教師もこのような状況を問題だと感じていたはずである。それでもここから抜け出すことができなかったのはなぜだろうか。

第一の理由は、教科の授業で慣れ親しんでいた発問と応答という授業形態を道徳の時間にそのまま導入したことにある。正答や誤答を判断したり、知識を伝達したり点検したりするときに有効な一問一答形式を、概念形成のようなところにまで移行したことにある。教科についても概念形成の段階ではもっと慎重だったのであるが……。第二の理由は小学校の低学年で成立していた発問と応答による道徳授業のモデルを、中学校にまで拡大してしまったことにある。教師の発問に無邪気に一生懸命に答える小学生とはちがって、すべてにわたって成長している中学生を対象にしていることへの配慮がなかったのではないだろうか。

教科の学習において、生徒がとくに熱心に取り組む事柄を考えてみよう。期末試験のまえの自習時間では熱心に勉強する。そのためのプリントを用意してやると驚くほど勉強する。期末試験の前だけでなくても、プリント学習をさせると生徒たちが集中することはどの教師も経験している。一般的に、自分が取り組もうとすることがはっきりしていて、そのための時間や場所が一人ひとりに与えられているとよく勉強する。

このような活き活きとした活動ができる道徳授業にするには、無自覚なまま展開していた「発問と応答で構成する授業」から脱皮することではないだろうか。

第二節　書く活動を中心にした授業の内容

書く活動を中心にした道徳授業は、つぎの三つの活動で構成される。生徒たちは、一人ひとりの学習活動が保障されればどこまでも学び続けることができる存在であること、道徳的価値のような概念形成には、具体的なものを媒介にした操作的な活動が用意されねばならないことを根拠にしている。

資料を読み感想文を書く

提示された資料をもとに、強く心に響いたことや考えてみたいと思ったことを中心に、自分の考えをまとめる。

友だちの感想文を読み合う

前時にまとめた感想文の中から、教師が選択した八例から一〇例の友だちの感想文を学級で読み合う。

緩やかな意見交換を行なう

討議や教師主導の意見交換ではなく、バズ学習のような自由な意見交換を行なう。「みんなちがって　みんないい」が基本である。

1　資料を読み感想文を書く

感想文による授業づくりは、生徒の初発の感想を事前に把握したいという教師の願いから出発した。これから展開しようとする資料を、生徒がどのように読むか事前に把握できれば計画的な展開が可能だと考えた。しかしながら、教師がどのように予測しても、生徒の反応は教師の予測を越えてしまうことが多かった。このような経験から、授業時間の一時間を使って初発の感想を書かせる展開が生まれたのである。

①　注目するところを自分で選んで感想をまとめる

生徒は感じたことや考えたことを自由に記述する。教師はどのような指示もしない。その感想文を友だちや教師が読むときは、金子みすゞの詩の「すずと、小鳥と、それからわたし、みんなちがって　みんないい」をモットーにそれぞれの内容を理解する。書いた内容について自他の評価から解放させるのである。

② 時間をかけて資料を読み感想をまとめる

資料を読み感想をまとめるような活動は、能率よく計画的にできるようなものではない。一人ひとりに十分な時間と空間を保障することが必要である。自分のペースで進める個別学習でありながら、教室でみんなで一緒に取り組んでいることがよいのだと思う。だいたい一時間をかけて取り組ませることにしている。それでもまとまらないときや書き直しをしたいときには、放課後や家庭で書くことも認める。

2　友だちの感想文を読み合う

教師は、提出された生徒の感想文を繰り返し読む。それをもとにして生徒の内容把握を見直し、想定していた授業のねらいを焦点化する。この段階で生徒に提示する八例から一〇例の感想文を選ぶ。そのまま縮小コピーしたものを印刷し配布する。このことをつぎの授業までの一週間をかけて行う。このような時間的なゆとりは貴重である。

① 提示される感想文の内容は分散している

生徒の感想文の内容は分散する。それをいくつかのグループに分けて代表的なものを選択するとともに、少数ではあっても紹介したい見方や考え方や、授業のねらいからはすこし離れたようなものも選択する。その結果、提示される生徒たちの感想文の内容も分散している。友だちの感想文を「みんなちがって　みんないい」と受容はするが、それでもどれかを必ず選択するのである。このような生徒の自己選択の機会を与えるためにも、読み合うための感想文は八例くらいは必要である。

② 友だちの感想文を読む

生徒は、友だちが書いたものを熱心に読む。この授業の中心なので各自で自由に読ませる。生徒の内面活動がもっとも活発に行われるところである。全員が読み終わった頃、教師は提示したすべての感想文を朗読する。記述されている内容理解を助けるためで、記述した生徒の感情や主張の強弱を再現するように読む。教師が朗読だけに止めるのは、この段階で教師の意見がそれとなく表明されてしまうことを避けるためである。生徒の感想文をそのまま印刷しているので、読み難いものや表現が十分でないところを補足する意味もある。

3　ゆるやかな意見交換をする

生徒は友だちの感想文を読みながらいろいろなことを考える。それが教室内につぶやきのように広がっていく。自分の関心のあることについて友だちと声をかけ合ったりする。自由で活発でありながら、まじめでやさしい雰囲気を教室に醸成するのが教師の仕事である。

①　挙手による発言や討議の形式はとらない

友だちの感想文を読むときは、静かになったり、つぶやきが聞こえたり、騒がしくなったりする。座席に座ったまま、いろいろな意見や感想が出てくる。教師も生徒の中に入ってそれに加わる。このような状態の意見交換にとどめる。これは誰が書いたものかということも生徒の関心になる。該当する生徒は自分で名乗ることもできるし、名乗りたくないときはそのままにしている。大部分は喜んで名乗るようになる。

②　生徒は自分なりの方法で大切な見方や考え方を選択する

生徒は「みんなちがって　みんないい」とすべてを受容し理解しようとするけれど、それでも自分が共感するもの、自分が学びたいと思うものを自分で選択する。この自己選択を確実にするために、提示された感想文の一つを選んで自分の考えを記述する活動を加えることもあるが、オープン・エンドのことも多い。

第三節　書く活動を中心にした授業の仮説

書く活動を中心にした授業には、このような展開によって道徳的価値の概念形成はおこなわれるのだと考える根拠になる授業仮説がある。その内容を明らかにし授業を具体化しよう。

1　道徳的価値との関連

①　感想文には生徒が大切にしようとしている道徳的価値が表出されている

生徒は、心に強く響くある事象の内容について、自分が感じたり考えたことを感想文という形式で記述する。その事象のどこに注目しそれをどのように把握し分析するかは、そのときの生徒の価値意識や課題意識による。その価値意識や課題意識をもとにして、自分が大切にしたいと思う道徳的価値を選択し、それを根拠に事象を把握し判断する。その結果、感想文には生徒が大切にしている道徳的価値が表出されていると考えられる。

②　感想文には二種類の道徳的価値が表出されている

二種類の道徳的価値とは、授業のねらいに直接かかわる道徳的価値と、その価値にかかわる事象を考察するときに根拠にしたり視点にしたりする道徳的価値である。前者はこれから学習しようとする道徳的価値であり、後者は生徒の中にすでに存在していて、ものの見方や考え方の指針として使うことができる道徳的価値である。例えば、「理想の追究」に関係する事象を、ある生徒は「生命の尊重」の視点でとらえ、他の生徒は「公共の福祉」の視点でとらえたとする。このとき「理想の追究」に関係する価値が前者で、「生命の尊重」や「公共の福祉」に関係する価値が後者である。

③　集約された感想文をもとに、自分の見方や考え方を再構成する

このような二種類の道徳的価値を表出している感想文を集約することは、ある事象について多数の見方や考え方、すなわち多数の道徳的価値を集約することである。生徒たちはこの多数のものの見方や考え方をもとにして、ねらいとする価値について自分の見方や考え方を再構成していく。さらに、注目すべきことは、ねらいとする価値を考察するときに根拠にした見方や考え方、すなわち後者の道徳的価値についても、友だちとの比較をもとにした新たな見直しと再構成がおこなわれるのである。このように、二種類の道徳的価値についてのさまざまな揺さぶりが、生徒の内側で自発的に生まれる。

④　ある見方・考え方について、学級内に意見の一致が創り出される

このような二種類の道徳的価値について、さまざまな揺さぶりの中で、ゆるやかな意見交換が行われる。ここでいくつかのものの見方や考え方について、学級内に一定の評価のようなものが生まれてくる。授業の中心になる前者の価値についても、根拠にした後者の価値についても、それに関する見方や考え方を評価するコンセンサスが生まれてくる。ただ一つの見方や考え方に集中するのでなくて、いくつかの見方や考え方を許容したコンセンサスであるところが特徴である。自己選択だけでない確かな拠り所を求める生徒たちの「生き方」追求の結果であろう。この段階での教師の影響は貴重ではあるが慎重でなければならない。教師の教育観、子ども観、人生観にかかわるところである。

2　学習活動との関連

「書く活動を中心にした道徳授業」も、教科の授業と同じような一般的な学習活動として、その成立が求められていると思う。そのような学習活動としてこの授業をとらえてみよう。

①　ひとりで取り組む時間と空間と道具が必要である

道徳の時間においても、一般的な学習活動として、一人ひとりが自分で学習に取り組める時間と空間と道具が用意されねばならない。生徒の内面を活発にする「感想文」という道具を使って、個別ではあるがみんなと同じ課題を教室という共通の「空間」で、必要なだけの「時間」を確保して学習が行われるのである。このような当然のことがいままでの道徳授業で確保されていただろうか。

②　学習は既習のものを顕在化することからはじまる

どのような学習も未知のものから出発することは少ない。既習のものに新しいものを加えたり、獲得されてはいるが意識化されてはいないものを意識化したり、いままでの内容を別の視点からとらえ直すような活動が多い。だから、学習は未知なものを注入するのではなくて、生徒の中になんらかの形で存在しているものを顕在化させることだと考える方が現実に合っている。生徒の成長にともなって変化を繰り返し新しいものに脱皮していく道徳的価値を対象にしている道徳授業にはこの傾向が強い。だから感想文による道徳的価値の自発的な顕在化は、授業の方法であるとともに目標でもある。

③　生徒の中にあるものを顕在化するための支援が必要である

道徳的価値の顕在化は、生徒の自発的な顕在化が基本である。このことを基本にしながらも、顕在化させたい内容によっては、顕在化のための支援も必要になってくる。生徒に注目する場面を指定したり、生徒に考察する視点を与えたりするのである。これを「課題」として生徒に与え、生徒は感想文と同じように自分で感じたことや考えたことを記述する。このときの「課題文」の扱いは感想文と同じである。

④　概念形成はその内容を表現することによって客観化する

道徳的価値は、単時間で一直線に獲得されるようなものでなく、繰り返されながらスパイラルに高められていくものだろう。そのときどきに、ある程度の負荷をかけるような活動を組み入れることによって、各段階で意識化されたり客観化されたものがそれなりに具体化されるのである。書いたり読んだりする表現活動は、話したり聞いたりする表現活動よりも効果的であろう。

第四節　道徳的価値の顕在化を図る操作的活動

書く活動を中心にした学習活動は、道徳的価値の顕在化のための操作的な活動だと考えることもできる。このことを明らかにするとともに、ここでよく使用する語句の説明もしておきたい。

①　状況把握と状況分析

生徒の感想文は、生徒が心に強く感じたことや考えてみたいと思うことについて、それぞれの生徒の価値意識や課題意識をもとに、その状況を把握し分析し判断した結果を感想という形で文章にしたものだと考えてきた。従って、「感想文」を書くことは、ある事柄について「状況把握」や「状況分析」をすることなのだと考える。生徒には、状況把握や状況分析という活動のねらいを明白にする用語を使わずに、感想文という楽しく明るい自由な活動として取り組ませるのである。

生徒たちの日常的な問題について、現状を認識する能力がもう少しあれば、違う解決ができたのではないかと惜しまれることが多い。そのような現状認識能力を育てるためにも、「状況把握」や「状況分析」は位置付けられるのである。

②　自己内対話

道徳の時間における生徒の内的活動の中心は「自己内対話」である。感想文を書いたり、友だちの感想文を読んだり、意見交換をしたりすることは、いずれも生徒の自己内対話を活発にするための具体的な手段なのである。

自己内対話は道徳の時間だけでなく実生活においてもしばしば行われる。具体的な場面で価値判断や価値選択を迫られるとき、自分の価値判断や価値選択が妥当かどうか見直すとき、自分の価値判断や価値選択が社会や友だちとどのような関係にあるか比較検討するとき、自己内対話を始めるのである。道徳の時間ではこのことをやや意図的に組織するのである。

同じようなものに「自問自答」があるが、自問自答には対話よりもやや厳しい自己との対決が想定されるし、ある程度価値判断や価値選択がなされた状態で改めて自らに問う状況が想定される。自己内対話には自問自答のような厳しさよりも、曖昧な混沌とした状況における自学自習が想定されるよさがある。

③　社会的相互作用

学習者にもっとも大きな影響を与えるものは、学び合う仲間との相互作用である。

自他の内容を比較しながら自分の見方や考え方を見直すときに、時間的な経過の中で漠然とではあるが一定の見方や考え方が学習者たちによって創り出される。生徒たちは知らず知らずのうちに、この全体的なコンセンサスを読み取り、それを自分の中に取り入れていく。これを「社会的相互作用」と呼ぶ。

道徳の時間では、教科のように教師が明確な知識を伝達するような活動ではなく、いろいろな情報の中から自分である内容を取捨選択していく活動が多い。そこでは、学びの内容は各自に任されているのであるが、各自の学びを確実にする一定の方向性のようなものが学習する生徒からも要求される。学級でつくられるコンセンサスが求められるのである。

書く活動を中心にした学習活動は、「感想文」という道具をもとにして、「自己内対話」を繰り返しながら、自分の中の道徳的価値を「顕在化」しながら、「状況把握と状況分析」をし、友だちとの「社会的相互作用」をもとにして自分の中の道徳的価値を変容させ、自らの価値意識を補充し深化し統合していく時間だということができる。

第五節　書く活動を中心にした授業の構想図

書く活動を中心にした道徳授業の全体構成を表1のようにまとめる。

生徒が実際に取り組む「感想文を書き友だちの感想文を読む」活動を〈学習活動〉とし、その学習活動の中で生徒たちが行うであろうと予想される内面の学習を〈学習内容〉とし、その内面の学習の中でも生徒の価値意識が機能する活動を〈道徳的価値にかかわる生徒の内的活動〉としている。

さらに、この三つの活動や内容は、一人ひとりの「自己内対話」と学級の「社会的相互作用」によって、それぞれの機能を発揮すると考える。

表1　書く活動を中心にした授業の構想

学習活動	学習内容		道徳的価値に関わる生徒の内的活動	
道徳資料を読む	生徒の状況把握と状況分析１	⇦	ある生徒の価値意識による考察１	自己内対話
資料の中のある部分を中心に、感想文を書く。	生徒の状況把握と状況分析２	⇦	別の生徒の価値意識による考察２	
課題文を書く	生徒の状況把握と状況分析３	⇦	別の生徒の価値意識による考察３	
⇩	⇩		⇩	
生徒の感想文や課題文の中から教師が選んだ８例の内容を学級で読み合う。	友だちの状況把握や状況分析と自分の把握や分析との違いをもとに、８例の内容を理解しようとする。	⇦	多様な価値意識によって考察されたある生き方について、友だちの考えを参考にして新たな探求を開始する	社会的相互作用
８例の内容について感想や意見を述べ合う。教師のまとめを聞く。	再度、自分の状況把握と状況分析を見直す。	⇦ ⇨	ある生き方とともに、その生き方について考えるときに根拠にした生き方についても新たな探求を開始する。	自己内対話

※　表の中の「ある生き方」や、「生き方について考えるときに根拠にした生き方」は「道徳的価値」と置き換えることができる。

第二章　書く活動を中心にした道徳授業の展開方法

はじめに

書く活動を中心にした道徳授業がどのような経緯で生まれたか、私の体験を紹介しながら、その展開方法を具体化しよう。

道徳の授業で、教師の発問に生徒が黙ってしまうようなことがときどきあった。これが一番怖かったように思う。どのように答えればよいのか困るような発問だったかもしれないし、もうすこし待てば答えが出てきたかもしれない。教科の授業では、生徒のどのような反応にもゆとりをもって対応できたのに、道徳の授業になると慌ててしまうのである。生徒の発言をどのように活発にさせるか、生徒の発言にどのように対応するかということは道徳の授業ではとても大きな問題だったのである。

もちろん、生徒の発言で苦しんだことばかりではなく、いまでも思い出すような楽しい生徒の発言を体験することもあった。

あるとき、ネリノというフクロウが兄弟姉妹の真ん中で嬉しそうにしている結末の場面で「ネリノはなにをつぶやいているのでしょう」と発問した。予想される答えが出揃ったと思う頃、一人の生徒が「まだあります」と言う。その生徒は「フッ、フッ、フッ」と発言しそれだけですと言う。「フッ、フッ、フッ」は、ネリノが嬉しそうに笑っているのだと言う。さっそく教室の前に出てネリノのように笑ってもらうことにした。生徒は椅子の上にあがって、小さくそしていかにも嬉しそうに「フッ、フッ、フッ」と笑った。学級のみんなも思わず笑った。

華やかな四羽の兄弟姉妹の中でいつも一人で孤独だったネリノ。夜は木の上で一人で悩んでいたネリノ。華やかであるがために兄弟姉妹たちは捕らわれてしまった。ネリノは知恵を働かせて兄弟姉妹を檻から助け出すことができた。いまは兄弟姉妹に囲まれているネリノ。ネリノのやさしい心情と行動がもたらす兄弟姉妹の幸せとネリノの幸せを、笑い声で表現したのである。学級のみんなで笑いながら、ネリノの徳性がもたらしたネリノの幸せを感得したのである。

『りんごがたべたい　ねずみくん』という絵本を中学校の道徳の授業に最初に使ったときである。まとめの感想に「このネズミは小さくてかわいい。それにくらべて私は大きくてかわいくない。ネズミくんにはアシカくんが登場した。私にはアシカくんが登場するのだろうか。世の中はそんなに甘くない」と発言した女生徒がいた。いつも活発に楽しそうにしている中学一年生のすこし屈折した発言にどう対応してよいのか立往生してしまった。いまなら楽しく対応できたかもしれないのだが、随分と慌てさせられた。

このように生徒の発言には教師の予想をこえてインパクトのあるものもある。しかし大多数の発言は学級のみんなの心を揺さぶるようなものにはならないで、消極的な簡単な表現のものが多い。その原因はいろいろと考えられるであろうが、このような消極的な発言で授業を構成するのは難しい。生徒はいろいろなことを考えているのだけれど、それをそのまま表出させることが難しいのである。

授業では本時のねらいや展開を修正したり補強したりするために、導入時に生徒に感想を求めることがある。このときも、生徒の反応は教師の予想としばしば異なる。教師は主題を設定して資料を選ぶ。教師はあらかじめ設定した主題をもとに資料を読む。生徒は資料にどのような主題が設定されているか意識することもなく自由に資料を読む。結果として、教師の読みは目標に設定したものに焦点化され、生徒の読みは伸び伸びと自由に拡散する。

このような状況を解決するには、生徒が考えていることを十分に予測しておくことができるかどうかだと考えた。生徒の沈黙も生徒の簡単な発言も、教師の予想を越える反応も、生徒の内面を把握できていればやさしくゆったりと受容できるのではないかと考えた。

生徒と同じように資料を読むようにした。それと同時に、同僚や他学年の生徒や知人に資料を読んでもらうようにした。その結果、実に多くの読みを集めることができたし授業のヒントを得ることができた。このことから、生徒の内側を苦労して予想するのではなくて、実際に授業する生徒たちの反応を事前に把握すればよいのだと考えるようになった。同僚や他学年の生徒たちの読みがこれほどたくさんのヒントを与えてくれるのだから、学習する生徒たちの読みにもいろいろなヒントがあるはずだと考えたのである。

このようにして、一時間目に資料を読ませ感想を書かせ、それをもとに一週間後の授業づくりをするようになったのである。

第一節　感想文の書かせ方

感想文や課題文の書かせ方について特別なものはないが、小さな工夫についていくつかまとめておこう。

①　全体の感想ではなく、もっとも注目したところの感想をまとめさせる

一人ひとりの黙読のあとに、学級で音読や範読や朗読などを取り入れて、資料の理解を深めてから感想文に取り組ませる。

感想については、資料の全体の感想でなくて、心を動かされたり考えたいと思う事柄や場所について感想をまとめるようにする。すぐに取りかかる生徒もいるし取りかかりが遅い生徒もいるが、時間の経過とともにコツコツという鉛筆の音しか聞こえないほど集中する。教師はこのような雰囲気を保つことに専念し余計な発言は慎む。

②　題名をつけさせる

原稿用紙一枚程度にまとめたあとに、題名をつけさせる。書いた内容を見直させ、自分の考えを焦点化して把握させるためである。最初に題名を決めてもよいが、それでは感想が書き難くなってしまうことが多い。感想を書き始める前より書き終えてから題名を考える方が生徒にとっても楽しそうである。生徒は、題名を工夫したりして、自分の考えを効果的に表現する楽しさも体験しているようだ。

③　原稿用紙の半分以上は書かせる

最初は書くことに不慣れなため書く内容がすくないが、それでもある程度の長さを要求する。発問に対する応答のような単文調で思考させないためである。ある程度の長さの中で自分の考えをまとめさせる。表現形式は思考の内容を規定してしまうことがあるので、苦労してもすこし長い文章にさせる。絵やカットを入れたいときやどうしても書

く内容が少ないときなどは、カットなど自由に書き込ませるようにしている。

時間内に書くことが原則だが、放課後まで待ってくださいとか、家で書いてきたいとか、書き直したいのでもう一枚原稿用紙をくださいといった要望には応える。感想文の提出は確実に点検する。

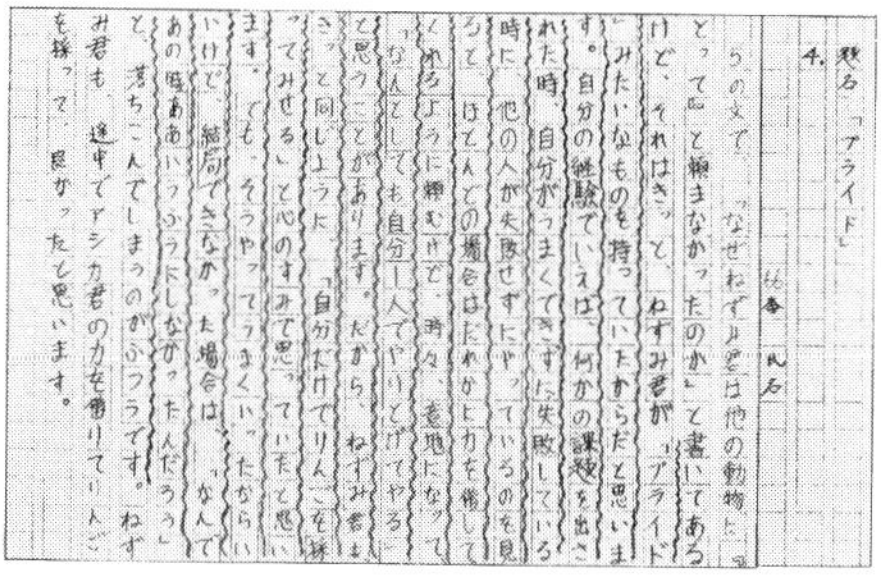
4. 題名「プライド」　氏名

この文で、「なぜねずみ君は他の動物にとってと頼まなかったのか」と書いてあるけど、それはきっと、ねずみ君が「プライド」みたいなものを持っていたからだと思います。自分の経験でいえば、何かの課題を出された時、自分がうまくできずに失敗している時に、他の人が失敗せずにやっているのを見ると、ほとんどの場合はだれかに力を貸してくれるように頼むけど、時々、意地になって「なんとしても自分一人でやりとげてやる」と思うことがあります。だから、ねずみ君もきっと同じように「自分だけでりんごを採ってみせる」と心の中で思っていたと思います。でも、そうやってうまくいったならいいけど、結局できなかった場合は、「なんであの時あいつらにたのまなかったんだろう」と、落ちこんでしまうのがふつうです。ねずみ君も、途中でアシカ君の力を借りてりんごを採って、良かったと思います。

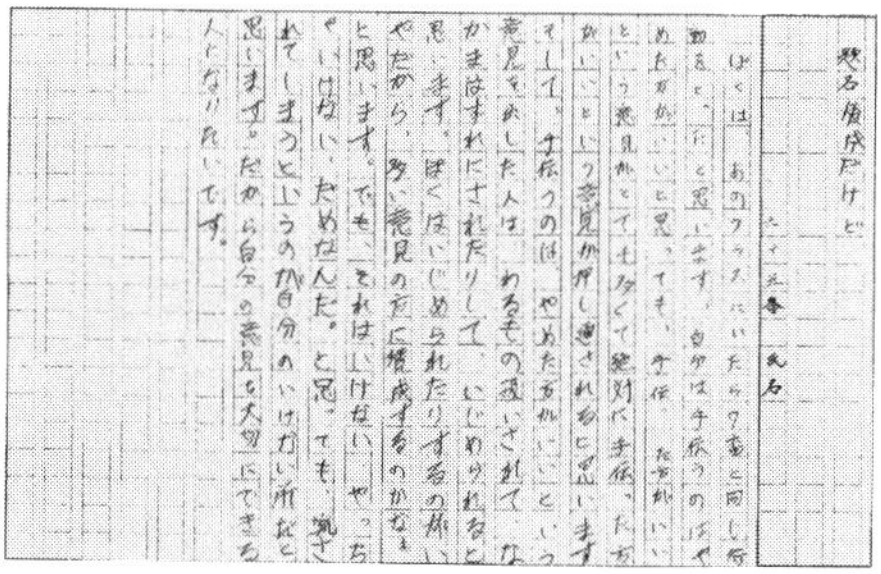
題名　賛成だけど　氏名

ぼくは、あのラッコたちの事と同じ行動をとると思います。自分は手伝うのはやめた方がいいと思っても、手伝った方がいいという意見が多くて絶対に手伝ったほうがいいという意見が押し通されると思います。そして、手伝うのはやめた方がいいという意見を出した人は、わるもの扱いされて仲間はずれにされたりして、いじめられると思います。ぼくはいじめられたりするのがいやだから、多い意見の方に賛成するのかなぁと思います。でも、それはいけない、やっぱりいけない、ためなんだ。と思っても、流されてしまうというのが自分のいけない所など思います。だから自分の意見を大切にできる人になりたいです。

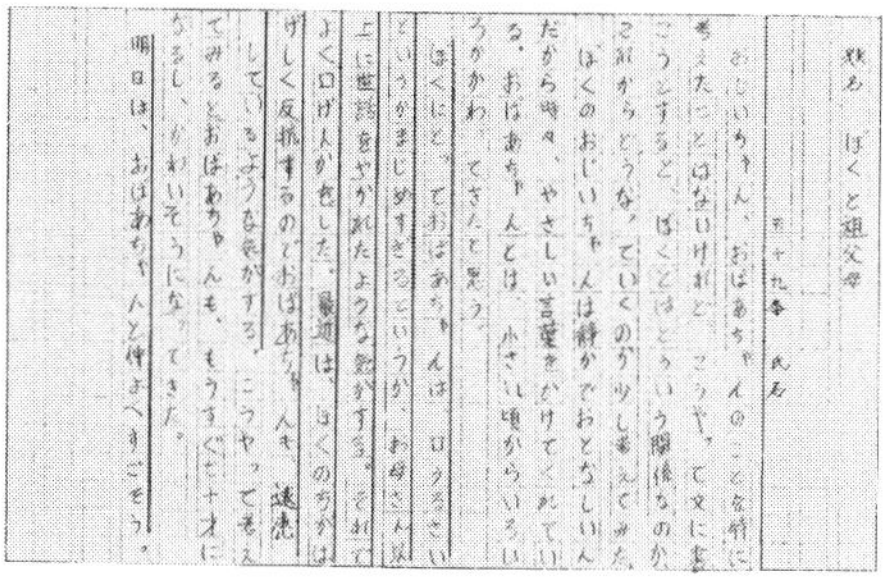
題名　ぼくと祖父母　氏名

おじいちゃん、おばあちゃんのことを特に考えたことはないけれど、こうやって文に書こうとすると、ぼくとはどういう関係なのか、これからどうなっていくのか少し考えてみた。

ぼくのおじいちゃんは静かでおとなしい人だから時々、やさしい言葉をかけてくれている。おばあちゃんとは、小さい頃からいろいろかかわってきたと思う。

ぼくにとっておばあちゃんは、口うるさいというかまじめすぎるというか、お母さん以上に世話をやかれたような気がする。それでよく口げんかをした。最近は、ぼくの方がはげしく反抗するのでおばあちゃんも、遠慮しているような気がする。こうやって考えてみるとおばあちゃんも、もうすぐ七十才になるし、かわいそうになってきた。

明日は、おばあちゃんと仲よくすごそう。

感想文例

上　絵本『りんごがたべたい　ねずみくん』
中　新聞投稿記事「ぼくのレッテル　障害者いじめ」
下　文部省資料「1冊のノート」

第二節　課題文の書かせ方

課題文の具体的な書かせ方は感想文と同じなので、ここではどのようなときに課題文を書かせるのかはっきりさせておこう。

生徒がもっとも心に響いたことについて自由な感性で感想をまとめることは、生徒のこころの成長をうながす効果的な活動である。しかし、道徳の時間の活動としては、生徒の見方や考え方の見直しを迫ったり転換を期待したり、いままでの見方や考え方を深く追究したりする新しい学びの活動がどうしても必要なときがある。

「書く活動を中心にした道徳授業」には、このような新しい学びの活動が二つある。一つは友だちの感想文を読んでその中の一つを選んで自分の考えをまとめる活動であり、もう一つが課題文である。課題文は次のようなときに書かせる。

①　生徒の状況把握の内容を転換させたり深化させたりする必要があると判断したとき

感想文による状況把握の内容から、生徒の視点に新しい視点を加えて再度状況把握をさせた方がよいと判断したときである。生徒も資料の内容や含まれている道徳的価値によっては、どのように状況把握をしてよいかつかめないこともある。そのような場合は、視点を変えて状況把握をさせると、新たな状況把握と状況分析ができるようになることが多い。自分の中のものを新たに呼び起しながら状況把握をするのである。

②　最初の感想文の内容では二時間目の社会的相互作用が期待できないと判断したとき

感想文が二時間目の教材として不十分だと判断する第一の場合は、生徒の状況把握と授業の目標がズレているときである。例えば、自己中心的な行動について考えようとするとき、資料にある自己中心的な行為を容認する状況分析が多過ぎるようなときである。多数の状況把握をそのままにして授業展開に必要な感想だけを選択することもできるが、それでは学級のコンセンサスをつくることに無理があり過ぎるように思う。別のかたちで新たな状況把握をさせる方がよい。

感想文が二時間目の教材として不十分だと判断する第二は、感想文の状況把握の内容が偏り過ぎているときである。拡散し過ぎても集中し過ぎても、それをもとにした社会的相互作用では情報が少な過ぎるのである。二時間目に読み合うときの内容は、自分と同じような状況把握と、ちょっと違ったものと、まったく予想もしなかったものが適当に分散しているくらいがよいようだ。

第三節　感想文や課題文の集約と共有

具体的には、生徒たちが感想文や課題文に取り組んだ次の時間に、感想文や課題文の中から八〜一〇の感想文や課題文を選んでそのまま縮小し印刷したものを配布し、読み合う活動に取り組ませる。この活動でどのように学級の社会的相互作用を機能させるかについてまとめよう。

1　感想文や課題文の選択

教師は生徒の感想文や課題文を読みながら、同じようなものをグループ分けする。さらに、全部読んでから分類の視点を変更して分類し直すことも多い。この段階で分類の視点がきまるとともに授業の構想が具体的になる。その結果として感想文を選択する視点が定まるのである。

・多数の生徒が着目した着眼点の中から代表的なものを選ぶとともに、新しい着眼点やユニークな着眼点も加える。
・状況把握の内容が充実しているものを選ぶとともに、状況把握の内容だけでなくその方法についてもまじめなアプローチや異質なものも適度に必ず加える。友だちがどのように状況把握をするのかその方法も知らせたいからである。
・選択した事例だけで授業が成立するような選択をする。それは、八〜一〇例を生徒たちが読み検討する生徒の相互学習を大切にしているからである。もちろん、教師主導の授業が必要だと判断したときは、第五章のように一時間をかけてきちんと授業することもある。生徒相互の学習に任せているところで、内容に関する教師の発言が入ることは避けたい。教師は学級全体に相互学習ができるような状況をつくることに専念する。
・どの生徒の感想文も選択されるように配慮をする。生徒たちは、学級で示される八〜一〇例の中に自分のものが選ばれているかどうか興味をもって、配布されたプリントを読む。授業展開の視点だけでなく教育的な配慮で、一学期を単位にして全員のものが印刷されるようにしたい。そのためにもどの授業でどの生徒の感想文を選んだか、記録しておくことが大切である。

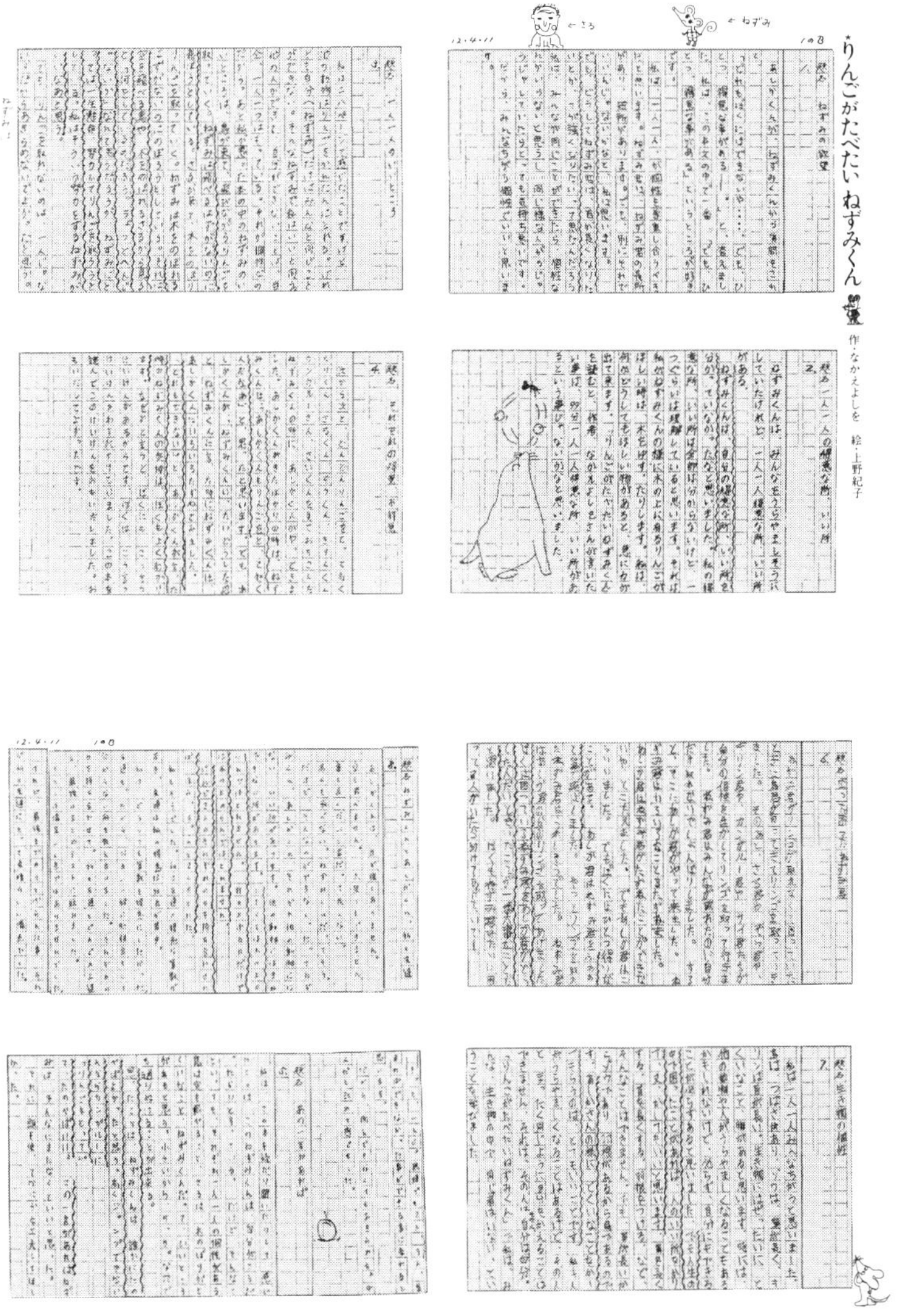

読み合う活動で生徒に配布するプリントの例

「りんごがたべたい　ねずみくん」の例

2　読み合う活動における社会的相互作用

感想文や課題文の内容の選択とともに、実際の学級で社会的相互作用が機能する学習環境をつくることが重要である。

①　自己選択の中の共感と受容

八例は適度に多様になっているので、共感したり反発したり驚いたりしながら、自分で共感できるものを選んでその中から新しいものを学ぶのである。八例の中から選択するところに、一人ひとりの学習がある。八例のすべてに共感するようには選択していないし、そのような受容も期待していない。

②　自由な探究の時間の確保

生徒たちはプリントが配布されると熱心に集中して読む。生徒の心が最も活発になっているところなので、十分に時間を与える。生徒たちは読み終わると周囲の友だちといろいろなことを話し出す。ここでも自由にゆっくり時間を与える。教師は生徒たちの自由な探究の時間を確保することだけに専念する。生徒たちの話し声が大きくなってきて、この文章は誰が書いたのかとか、この内容はスゴーイとか、自分の考えを述べたりするようになって教師も生徒たちの会話に参加する。教師の方から教室内を動きながら話しかける程度にする。挙手で発表させるようなことはほとんどない。教師の活動は、八例の選択と提示がすべてである。

③　みんなちがって　みんないい

八例のそれぞれについて、誰の文章かという興味と関心は必ずおこる。名前は伏せているので、自分の文章だと思う生徒は教えて欲しいというと、ほとんどの生徒が嬉しそうに挙手する。生徒たちは「ホー」といった賞賛の声をあげる。内容によって挙手したくないときはしなくてよいことにしているが、ほとんどの場合、隠すようなことはない。八例の一つひとつに検討を加えたり、賛成や反対の表明をさせたりしないことである。八例の中から自分で選んで共感し学ぶという精神的な自由さと、詩人の「金子みすゞ」の「みんなちがって、みんないい」をモットーにする空間を醸成しておく。

④　状況把握の全体傾向の感得

八例の中の一例を選び共感し学ぶとともに、八例を読んだりそのあとの学級の反応をもとにして全体傾向をとらえ、この全体傾向をもとに自分の見方や考え方を修正したり補充したり理論武装したりする。

八例の一つひとつもインパクトがあるが、八例の全体から受け取る情報も大きな影響を与えるのである。教師と学級全体とで認め合った方向性のようなものは生徒への大きな情報である。この場合も討論や立場討議や教師による感動的なまとめでなく、一人ひとりの自己内対話をもとに、学級という集団の中でゆるやかにつくりだされた情報であるところによさがある。

⑤　生徒の自己内対話の再設定

内容によっては、読み合って感想を述べ合うだけでなく、生徒の自己内対話をさらに深めたいときは、提示した八例の中から一つを選んで自分の考えをまとめさせるようとする。その結果についても、感想文や課題文のときと同様に八例を選んで次時に提示する。この場合は、再度新しい情報を提供するためではなく、前時の自分の考えをまとめる学習が中心である。自分の考えをまとめたことで学習は完成している。

第四節　個人ファイルの作成

生徒の感想文や課題文は、二時間目の八例のプリントとともに全生徒に返却する。八例を読むときに自分の感想文が必要だからである。教師が全員の原本を保管し生徒にはコピーの方を返す。

六月に入った頃、生徒の個人ファイルに名前を付けさせ、ファイルの整理を道徳の時間を一時間使って行う。宿題にはしない。ゆっくり名前を考え書き込ませるものも道徳の時間の大切な活動である。一年生は個人ファイルに次のような名前を付けている。この名前から生徒たちが道徳の時間をどうように見ているか推測できそうである。

「みんなのハート」「みんなのエピソード」「みんなの心のナビゲーター」「みんなの文集」「みんなの意見」「みんなが建設した心」「考え　自由ファイル」「いろんな意見」

「心と心のキャッチボール」「開け　こころ」「心の窓」「心を考える」「心の種」「心の成長」「心のサイフ、たまるかな、たまるといいけど」「心のポケット」「心の扉」「ハートの勉強」「ハートの意味」「こころ」「果てしなき気持ち」

「未来の扉」「これからの未来」「未来へのドア」「真実のドアを開けて」「成長」「限りなき挑戦」「私の道」「世界で一つの本」「人の生き方」「自信」「志義」「感動を再び」「耳をすまして」「思い出」「勇気の風」「宝箱　勇気」「ガッツだぜ」「飛び立とう」「道徳のとびら」「道徳」「大空への夢」「風のとおり道」「世紀を越える人」「どう解く」「世界のＷＩＮＤＯＷ」

"MY SELF" "THINK FREEDOM" "HAWKS" "MY FRIEND" "MORAL" "ONE PIECE" "KIMOTI"

第五節　体験的活動にも活かせる指導法

今年から導入される総合的な学習の時間や学校の体験的活動において、その活動からなにをどのように学ばせるかについて様々な取り組みが考えられているところである。このときの学ばせ方が一人ひとりに十分に対応していないと、学ぶ生徒だけが学ぶことになるし、強力な方向を教師が示してしまうと、生徒の学びが萎縮する。体験学習は、体験という総合的なものを主観的にとらえさせようとするところに難しさがある。同じような多様さに対応し、その多様さを活用しようとしている「書く活動を中心にした道徳授業」の方法が活用できるのではないだろうか。

①　体験的活動の感想を書くことは、道徳資料の感想を書くことと同じ成果が期待できる

体験的活動の感想を書かせることは、道徳授業で資料についての感想を書くことと同じような機能を発揮するのではないだろうか。なにに焦点をあてるか、それをどのように把握し分析するか、これらは道徳の時間と同じように生徒の価値意識と課題意識によるのではないだろうか。体験内容を具体化し焦点化する個別活動は、道徳資料の読みの多様さとは比較にならないほど多様で個人差がある。このような多様さを自由に表出できるような活動が必要なのだと思う。

②　友だちの感想文を読むことは、友だちの学びの内容とともに体験の学び方を学べる

友だちの感想を読むことによって、同じ体験なのに友だちの感じ方や学び方がいろいろにあることを実感する。生徒によっては、体験をどのように自分の中に受け入れるかその方法がわからない生徒も多い。「体験から学ぶ」ときの学び方を、友だちの学び方をもとに学習するのである。

③　学級の体験集をつくることによって、体験活動の楽しさを倍加させることができる

②の活動は八から一〇例の体験文であるが、学期に一回くらいは全員の感想をまとめることも効果的である。このことは、一人ひとりの学びを確実にするだけでなく、生徒にはとても嬉しい楽しいことなのである。一人ひとりの生徒が満足するような記録集は生徒の意欲を育てるようである。写真の「福智登山　作文集」は、自然教室の山登りの体験を各自が原稿用紙二枚以内にまとめたもので、全生徒のものを収録している。表紙を工夫するとよい。

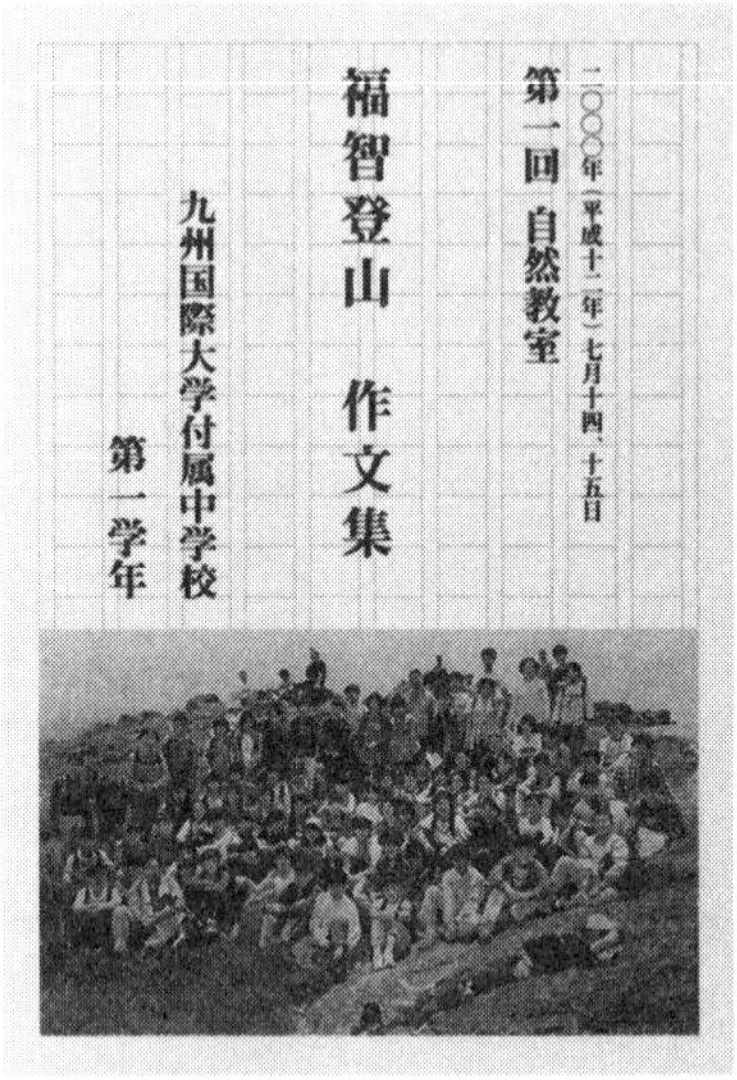

「副智登山　作文集」の表紙

山頂での記念撮影写真を表紙に用いている。

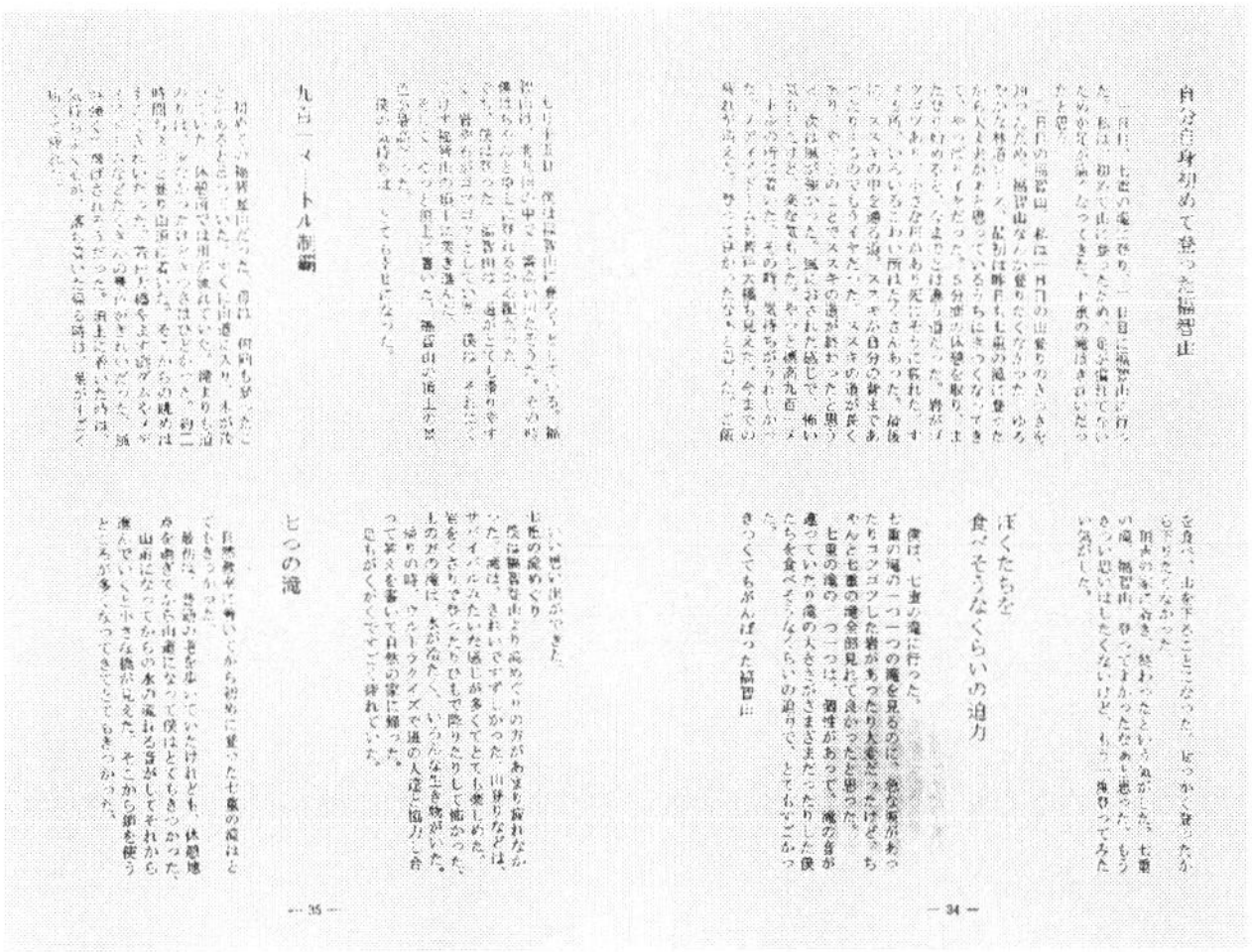

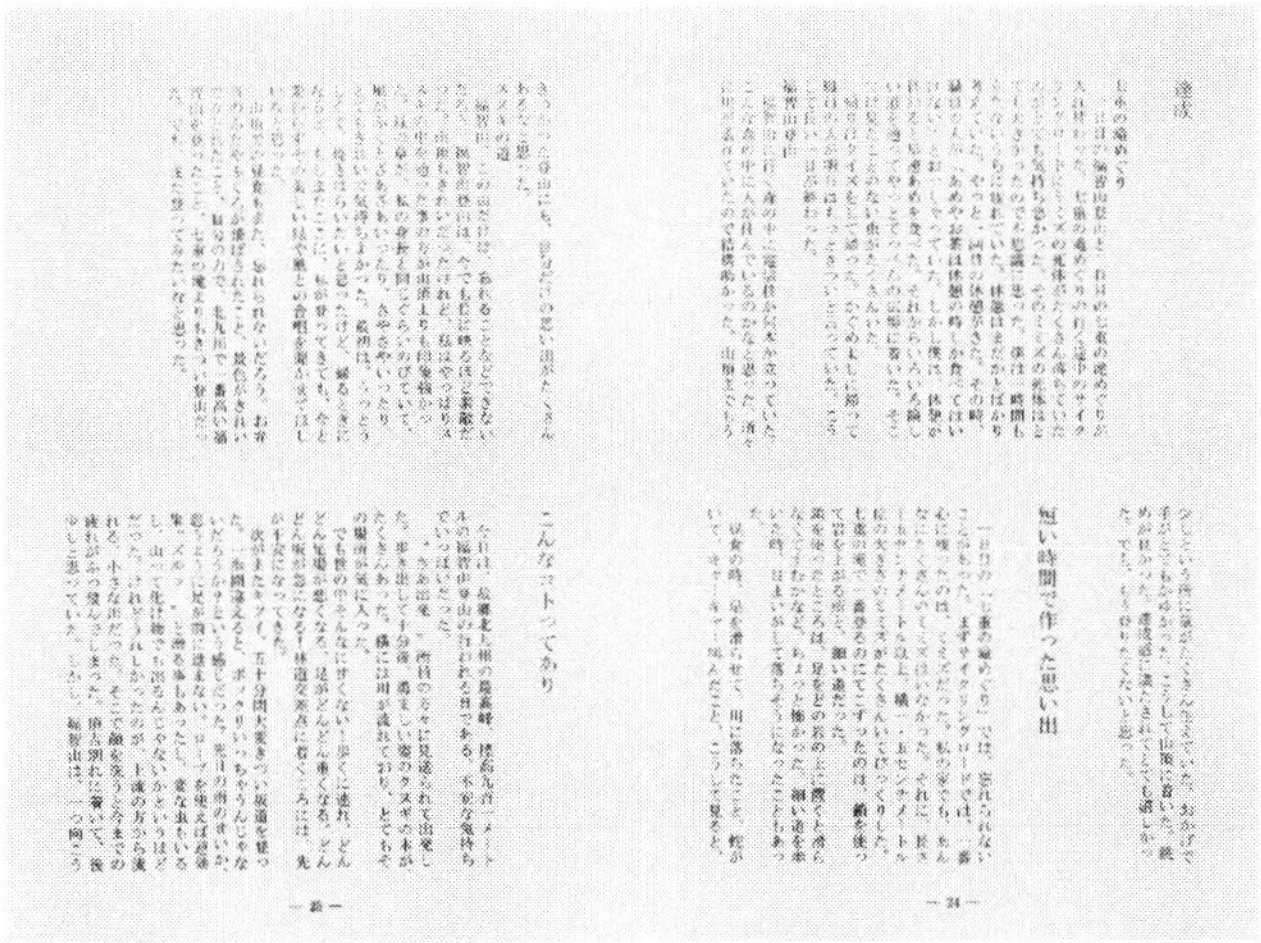

「副智登山　作文集」の内容

　今回は生徒の直筆ではなくパソコンで入力したものを印刷している。

第三章　感想文による道徳授業の展開

はじめに

感想文による道徳授業の展開を簡単にまとめると、教師が初発の感想を文章にさせ次の時間にそのいくつかを生徒に示し、生徒は友だちの感想文を読み合いそれをもとに自分の考えを深めていく活動である。

感想文には、生徒がもっとも心を動かされたことについて、生徒の価値意識をもとにした状況把握や状況分析が表れていると想定される。生徒たちは、授業の目標にあわせて選択された友だちのいくつかの状況把握や状況分析を読み合うことで、ある道徳的価値が含まれている内容について友だちの見方や考え方にふれる。その結果、生徒たちは、道徳的価値が含まれているある内容について自分なりの焦点化や客観化をすすめ、新たな価値意識を芽生えさせる。これが感想文による授業展開の根拠である。三つの授業事例でこのことを明らかにしたい。

四節は、一節の『りんごがたべたい　ねずみくん』、三節の『一冊のノート』で取り上げた生徒たちの感想文を、教育系の大学生たちがどのように読んだか、大学生たちの感想をまとめたものである。生徒たちの感想文を活用しようとする方法上の評価とともに、教師は生徒の感想文をどのように読むべきかという課題にも繋がる事例でもある。

第一節『りんごがたべたい　ねずみくん』——共に生きる楽しさ

1　資料解説

木になった赤いりんご。
でも、ねずみくんには木がたかすぎて　とれません。
そこへ　とりくんがとんできて、りんごをひとつとりました。
つぎに　さるくんがのぼって　ひとつ。
つぎに　ぞうさんは　はなで……。
とうとう　のこったりんごは　ふたつっきり。

あしかくん　やって　きて
ねずみくん　いったい　どうしたの。
ねずみくんは　たずねました。
きみは　そらを　とべるかい、
きみは　きのぼり　できるかい、
きみは　はなが　ながいかい、

きみは　くびが　ながいかい、
きみは　たかく　とべるかい、
きみは　ちからが　つよいかい。
あしかくんは　こたえました。
どれも　ぼくには　できないや……
でも　ひとつ　とくいな　ことが　ある。

（出　典　絵本…作・なかえよしを、絵・上野紀子『りんごがたべたい　ねずみくん』絵本のひろば13、ポプラ社
ビデオ…ＴＯＥＩ・ＶＩＤＥＯ『ねずみくんのチョッキ①　第二話　りんごがたべたい　ねずみくん』東映株式会社）

中学生になって最初の道徳の時間である。自由な楽しい道徳の授業のイメージを大切にして絵本を使うことにした。『りんごがたべたい　ねずみくん』は、作・なかえよしを、絵・上野紀子の有名な『ねずみくんの絵本』シリーズの中の一冊である。このシリーズは『ねずみくんのチョッキ』など幼児だけでなく小学生にも人気がある絵本であり、幼児期にこのシリーズの絵本に親しんだ生徒も多い。

絵本は幼児のためのものではあるが、私たちのそれぞれの経験や知識や想像力にしたがって多様な想いを広げさせる力を持っている。生徒たちにも幼児期とは異なる経験と知識と想像力でもって、多様な想いを広げる楽しさを体験

させたい。その中から自らの生き方を深めていく。絵本はそのような力を持っているのではないだろうか。

中学校に入学した生徒たちは期待と不安と緊張のさなかにいる。その中でも特に期待し不安に思っているのは新しい友だちとの出会いであろう。そういう生徒たちに、新しい友だちと素直な気持ちで助け合い励まし合うことの楽しさを呼び起こすメッセージを与えたい。

絵本は学級の生徒数だけ用意し、幼児と同じように一人ひとりの生徒が一冊ずつ自分の手元において読めるようにする。この絵本はビデオにもなっているので、二時間目の授業は絵本を使わずにビデオを使って前時の確認をすると、映像文化に親しんでいるので新たな興味も呼び起こせるようだ。

生徒は、道徳の時間に感想文を書くことも次の時間に友だちの感想文を読むこともはじめてである。初めての生徒たちにも感じたり考えたりする手がかりがたくさんある資料だと思う。

2　状況を把握し分析する

感想内容は最初の授業なのでそれほど鋭くも深くもないが、生徒たちは一生懸命感想文をまとめている。そこに示されている生徒たちの状況把握や状況分析の様子を、次の1～8の感想文で確かめたい。

1　「風変わりなねずみくん」
ねずみくんは、みんながりんごをとることができたのに、自分はとれないのをくやしいと思っていました。

他のものがりんごをとっていったあとに、他のものがしたように真似をしてりんごをとろうとします。

自分にはできないことや、自分にないものを欲しがっています。ここが、おもしろいところです。人間も自分にないものを欲しがります。欲張らないでもいいのに。でも、このねずみくんはちょっと違うところもありそうです。なんとなく努力している感じがする。どこが違うのだろう?

2　「ぼくはねずみくん」

この話を読んで、ねずみくんは自分に似ていると思いました。ぼくは、腕が細く力がなかったとき「あの友だちのようになりたい」と、走るのが苦手だったとき「あの友だちみたいに足が速くなりたい」と、背が小さかったとき「あいつみたいに大きくなりたい」と思っていました。

しかし、あるとき気づきました。「あの人は漢字が苦手だけれどもぼくは得意だ」、「あの人はスポーツが苦手だけれどもぼくは得意だ」と。人は得意なものもあれば苦手なものもあります。小さなねずみくんだって、一人でりんごはとれないけれど足が速いしすばしこいのだ。小学二年生の時に国語で勉強した「わたしと小鳥とすずと」という詩を思い出しました。「みんなちがって　みんないい」のです。長所も短所もあっていいと思います。でも、どう考えても僕とねずみくんは似ているのでチュウ!

3　「自分だけにできること」

ねずみくんみたいに、自分はできなくて他の人ができたら、私もねずみくんと同じように、「あんなことができたらいいな」とか、「あの人のようになりたいな」と思うだろう。しかし、あしかくんは、「力は強くないけれど、空も飛べないけれど、自分には得意なことがある」と言えるってことは、ほんのちょっとのことだけれどすごいことだと私は思う。

ねずみくんだって小さい体を使って、さいくんにはできないことができるかもしれない。私は、人とくらべてくやしいと思ってできるようにすることもすごいと思うけれど、自分しかできないことが絶対あるからそれを持っていると気づくこともすごいと思う。

4　「あしかくんのひとことで……」

この本は、一見普通の絵本だと思いました。最初のほうを見ても、そこには、りんごが欲しいばかりに、他の人のまねばかりするねずみくんが一匹いるだけでした。しかし、あしかくんが出てきて言いました。「どれもぼくにはできないや、でも一つだけ得意なことがある」とあしかくんが言って、ヒョイッとねずみくんを木の上に投げ上げました。

次の場面では、嬉しそうにすこし照れくさそうにりんごを落とすねずみくんがいました。そして、なんども投げ上げて遊んでいるあしかくんとねずみくんがいました。私はそこに、次のようなあしかくんのセリフを入れてやりたいと思います。「わかったかい、ねずみくん。ぼくは空も飛べない、木登りも高く跳ぶこともできないし、鼻も首も長くないけれども、ぼくたちもこうやってちゃんとりんごを取れたじゃないか。だから、きみはきみ、ぼくはぼくでいいではないか」と。

5　「大切なこと」

ぼくはこの絵本を読んで、ぼくと似ているなと思った。それは、ぼくは小学校のとき背が低くてなにかと不便だったからだ。

ぼくはねずみくんが最後にりんごをとったとき、協力というのは大切なんだなあと思った。最初、ねずみくんはみんなに声もかけられず困っていた。でも、あしかくんに声をかけられ、それぞれのいいところを出し合って協力してやっとりんごをとった。二人が協力しなかったら、お互いにりんごは取れなかったのだ。ぼくはこの絵本を読んで、協力の大切さがわかったような気がする。

6　「よかったね　ねずみくん!」

私は、あしかくんがやってきたときの場面が気に入りました。なぜかというと、他の動物たちは、ねずみくんのことを知らん振りして自分のりんごしか取らないし、あしかくんみたいに声をかけてもやらない。そういう自分だけのことしか考えないのはだめな動物です。

他の動物のことも考えるあしかくんがいたから、ねずみくんも念願のりんごが食べられたのだと思います。でも、ねずみくんも、あしかくんのまえに来た動物に「ぼくのも取って」と言ってもいいと思います。

7　「助け合い」

ぼくは、ねずみくんがかわいそうでした。他の動物はどんどんりんごを取っているのに、ねずみくんには取る手段が一つもなかったからです。

しかし、あしかくんだけは違いました。あしかくんはねずみくんと同じで一人ではりんごを取ることができませんでした。それでも二人で協力して二人ともりんごをとることができました。

でも、一つ不思議だなと思ったことがあります。それは、自分だけでりんごが取れる動物が、なぜねずみくんに取ってくれなかったかということです。たくさん思ったことがある面白い本だったと思います。

8「ねずみくんとあしかくん」

私は、「りんごがたべたい　ねずみくん」の中で、あしかくんが「ねずみくん　いったい　どうしたの？」とたずねる場面が一番好きです。なぜかというと、困っているねずみくんを助けにきたところだからです。

それまではねずみくんに「どうしたの？」と聞く人なんていなかったのに、あしかくんだけがねずみくんの悩みを聞こうとしていたのが印象的でした。私が大人になったら、子どもたちにもこれをすすめようと思います。

3　友だちの状況把握を読む

生徒たちはここで取り上げた1〜8の感想文を読む。そのときに生徒たちはどのようなことを感じ、どのようなことを考えるのだろうか。八例の感想文を読んだあとに、その中からひとつを選んで感想をまとめさせた。その実際を次の感想で見てみよう。

①　友だちの感想文「風変わりなねずみくん」について

この感想文では、他の人にはあって自分にはないものを欲しがっているねずみくんはおもしろいと書いていました。しかし、私の文では、それを批判しています。同じ絵本の感想なのに受け取り方が違います。

この感想ではねずみくんが他の人の真似をする努力をしていると書いている。私はそうとは思えなかった。私には、真似をするあまり自分を見失ったねずみくんしか見えなかった。そうしか受け取れなかった。

他の人の作文をみると、自分と同じ世界が見える作文と違う世界が見える作文もあった。そこがそれでとってもいいいな。

②　友だちの感想文「ぼくはねずみくん」について

今回紹介された作文で一番心に残ったのはこの文だ。ぼくはこの文を読んでいくうちにだんだんうれしくなってきた。なぜかというと、自分が書かなかったけれどずっと思ってきたことが書かれていたのだ。ぼくはこの文を書いた人が誰か知りたくなった。でも今回はやめておこう。ぼくはこの文があったのでとてもうれしかった。

③　友だちの感想文「自分だけにできること」について

今日、「りんごがたべたい　ねずみくん」の友だちの感想を読みました。やはり、一人ひとり違うのだなと感じました。私が書いたものとすべて違うことが書いてありました。

友だちの感想はおもしろかったです。とくに、この「自分だけにできること」という題名がすごく印象が強かった。自分とは正反対というかまじめというか…。自分が書いたものが幼稚な感じもしてきてしまいました。

④　友だちの感想文「あしかくんのひとことで……」について

私はこの感想がいいなと思いました。

なぜかというと、「しかし」という文のつなぎ方がとてもよかったことと、最後の場面にセリフを入れているところです。そのセリフも魅力的でした。自分のいいたいことや考えがしっかりとまとまっていてよかったと思いました。それに、私の考えたことと似ていました。自分にはないところもあれば、自分しかないいいところがあるというところが同じでした。

⑤　友だちの感想文「大切なこと」について

ぼくはみんなの思いや感想がいろいろあることがよくわかりました。

この文は、ねずみくんになりきって作った文で、ぼくにとって、とってもとっても面白い発想だと思いました。この文では、このお話から「協力したい」という言葉がでるところが、これを書いた人のすごいところだと思いました。これからは、みんなのいいところをまねしたいです。

⑥　友だちの感想文「よかったね　ねずみくん！」について

ぼくは、今日の学習で疑問に思ったことがありました。

「ねずみくんはなぜ他の動物にりんごをとってと言わなかったのだろう」という文についてです。「言わなかった」のではなくて、「言えなかった」のではと思うのです。なぜかというと、りんごをとったのはねずみくんより大きな動物ばかりです。サイくんに「りんごをとって」というと、鋭い目で「なんだ、お前」といって踏みつぶされるかもしれないじゃないかなって思いました。

人間も動物も外見だけで判断してはいけないと思います。タバコを吸って髪を赤く染めている人でもやさしい介護ができるとか…。でも、外見だけで考えるのが人間じゃあないのかなと考えました。ねずみくんも同じ立場にいたのではないかなと思います。ぼくとねずみくんはやっぱり似ているな、ぼくの前世はねずみくん!?

⑦　友だちの感想文「助け合い」について

自分のとみんなのとくらべてみると、自分のは、ねずみくんがりんごを一人でとろうとするところばかりを考えていた。みんなが言うように他の動物はどうして声をかけなかったのかということだが、ぼくには他の動物の気持ちがなんとなくわかるような気がする。「どうしたの？」と聞こうとしてもなかなか勇気がなくて聞けなかったことが自分でもたくさんあるから。でも最近バスに乗っているときに、席を譲ることができるようになった。これからも、こういう本をたくさん読みたい。いろいろ考えられる本を読みたい。

⑧　友だちの感想文「ねずみくんとあしかくん」について

友だちと話をして思ったことは、自分の考えているようなことを考えたのは少ないと思った。「他の動物はダメな動物だ」と思う人もいるし、そのことにはまったく触れずに「あしかくんはえらいな」と思う人もいる。「ねずみくんは回りが見えない」と考える人もいれば「ねずみくんにもいいところはある」と考える人もいる。考え方も人それぞれなのだなと思った。

4　交流の楽しさと着眼点の多様さ

一時間目の1～8の感想文のキーワードと、それに対応した二時間目の①～⑧の感想のキーワードを次のようにならべてみた。

一時間目の感想文1～8	二時間目の感想①～⑧
「自分にないものを欲しがっています」	『1は他の人にあって自分にないものを欲しがっているねずみくんは面白いと書いていたが、私の文ではそのことを批判しています』
「みんなちがって、みんないいのです。でもぼくとねずみくんは似ているのです」	『2は自分が書かなかったけれどずっと思ってきたことが書かれていたのだ』
「あしかくんは、自分には得意なことがあると言える」	『自分とは正反対というかまじめというか…。自分が書いたものが幼稚な感じもしてきてしまいました』
「きみはきみ、ぼくはぼくでいいではないか」	『私の考えたことと似ていました。自分にはないところもあれば、自分しかないいいところがあるというところが同じでした』
「協力の大切さがわかったような気がする」	『5の文ではこのお話から「協力したい」という言葉がでるところが、5を書いた人のすごいところだと思いました』
「あしかくんのように声をかけてやらないのはだめな動物。でもねずみくんも、ぼくにも取ってと言ってもいい」	『言わなかったのではなくて、言えなかったのではと思うのです』
「あしかくんだけは違いました。他の動物は、なぜねずみくんに取ってあげなかったのか」	『どうして声をかけなかったかということだが、ぼくには他の動物の気持ちがなんとなく分かるような気がする』
「あしかくんが、ねずみくんいったいどうしたのとたずねる場面が一番好きです」	『他の動物はダメな動物だと思う人もいるし、そのことにはまったく触れずにあしかくんはえらいなと思う人もいる。考え方も人それぞれなのだなと思った』

①　友だちの状況把握を読む

一時間目の感想文は、各生徒が注目した内容について生徒なりの状況把握をしている。それぞれの内容は中学一年生としても平均的なものであるかもしれないが、それを集約するとその内容の豊かさに驚く。

二時間目の生徒たちはこの豊かな内容を読む。二時間目の生徒たちはこの1～8をどのように読むのだろうか。二時間目の感想①～⑧のように、自分が思っていても表現できなかったことを書いてくれたと喜んだり、友だちの情報を素直に受けとめて自分の内容を反省したり、友だちの疑問に答えたりしている。友だちの考えを読むだけでなくそれについて自分の考えを文章にするので、生徒は一生懸命に自分の状況把握や状況分析と友だちのものを比較検討する。このような活動の中でいつのまにか自分の状況把握や状況分析を自分で補充し深化し統合しているのではないかと思う。

②　多様な着眼点を体験する

〈個性や特技についての見方考え方〉

ねずみくんはねずみくんでよいのだという見方をしている。ねずみくんのがんばり、非力なねずみくんへの共感、あしかくんから教えられたねずみくんの特技のように、ねずみくんにあたたかな眼差しを注いでいる。個性や特技を人より優れた大きく強いものという見方よりは、一人ひとりがもっている固有の資質のように考えている。このような現代社会の価値観は生徒に浸透している。

具体的に自分自身の個性や特技について、このような見方や考え方で対処できるかどうかは生徒たちの今後の大きな課題ではあるが、このような見方や考え方を持っていることは生き方の指針になるであろう。

〈協力や友情についての状況把握〉

生徒は協力や友情についての状況を把握し分析しているものがもっとも多い。生徒にとって当然のことであろうが、その注目のしかたは多様である。協力や友情が成立しているところに視点をおくもの、協力や友情が成立できていないところに視点をおくもの、協力や友情の成立に関する二者のどちらの方に注目するか等、細かく分類すると多様である。

感想文4、5は協力の微笑ましい場面をきちんと把握している。「ねずみくんよかったね」という素朴な感想ではあるが、協力についての状況把握や状況分析がよくできている。生徒が一番多く注目している内容であり他のどれよりもしっかりと把握する視点を持っている。協力や友情が成立しない場面への注目度は、協力や友情が成立する場面よりは少ない。少数ではあるが感想文6、7や二時間目の感想文⑥、⑦のように繊細な鋭い把握と分析もできている。協力や友情をいかに成立させるかという具体的な場面に直面したときのためにも、それが成立する場合も成立しない場合も両方の状況把握ができることが望まれる。

〈行動を起こす場面を把握する視点〉

感想⑧はあしかくんだけが声をかけたところに着目している。二時間目の⑦もその難しさを指摘している。前年の感想文にも「アシカくんは勇気がある、その勇気はやさしさがないと出てこない。ぼくの問題でもあるがせめて声をかけることはできなかっただろうか」がある。この場面に注目する生徒は少数ではあるがどの学年でも必ず出てくるようだ。「ねずみくんいったいどうしたの」と声をかけるところは、真の協力や友情を達成するために行動を起こす大切な場面である。

このような行動を起こすところに注目する視点を育てるには、道徳の授業だけではなく、日本人の価値意識や教育観のようなものにも関係してくると思う。

③　行動を起こす場面の価値表現

数年前のことであるが、アメリカから来日した英語指導助手にこの絵本を見せて連想する言葉を書いてもらった。

かれは簡単に cooperation と determination と書いた。

cooperation は協力で、あしかくんとねずみくんの協力に着目していることはよくわかる。determination は決心とか決断力のことで、これがどの部分に着目しているのか予想できなかった。そこで、この determination を説明する別の単語を書いてもらった。かれは、considerate（思いやり）と kind heart（親切心）と giving と書いた。それでもよくわからないので determination の場面を絵本で示してもらうことにした。あしかくんがねずみくんに話しかけるところを示した。あしかくんの「ねずみくん　いったいどうしたの」を「決断力」と表現していたのである。

昨年の生徒が「……でも、アシカくんは話しかけることができました。勇気を出しました。ぼくはやさしさがないと勇気は出ないと思いました」に出会うまで、アメリカの青年の「決断力」は、私の中でそれほどの意味を持っていなかった。「勇気を出さなければいけない」に出合って「決断力」がやっと理解できたのである。

この場面をあしかくんの「やさしさ」とするか、それとも「勇気を出す」や「決断力」とするか、同じようでありながら明らかに異なるメッセージが含まれている。「勇気を出す」や「決断力」はアクションを重視する教育の成果かもしれない。

道徳的価値の内容を表現する言葉や文章によって、その内容に特定の方向性が生まれたり具体化が進んだりすることを体験した。さらにその言葉や文章に対応できる感性がなければその価値内容を受け入れることができないことも体験させられた。

④　大学生の状況把握と状況分析

教育系大学の二年生一〇〇人に、この絵本を読んだ感想を書いてもらった。「協力する二者の関係」「特技や長所の生かし方と発見」「協力の達成感」「個性の自覚と受容」と、若者らしい視点がでてくる。

中学生と違うところは、あしかくんとねずみくんを対等な二者として観察しようとする傾向である。その結果、ねずみくんについての見方は中学生よりきびしい。二〇歳の若者は、自己と他者の関係は対等であることを自他ともに要求するからであろう。ねずみくんを客観化する学生とねずみくんに感情移入する中学生とは異なった受けとめ方をする。同じ事象でもその把握内容と分析内容は、把握しようとする主体の価値意識や課題意識によって異なる相対的なものであることを再確認した。

ここで、ねずみくんの状況について二〇歳の青年たちの状況把握と分析を学生の文章の抜粋で紹介しよう。

「ねずみくんは何もしていない。あしかくんの力でりんごを取れたのだ。ねずみくんの特技や特性を活かして取ったものではない。結果としてりんごが取れて喜んだのであって『みんなちがって、みんないい』ということを悟ったわけではないように見える」

「この話の不思議な点というか救いになっている点は、ねずみくんが何も努力もせず知恵も使わずにりんごを手に入れたにもかかわらず、ハッピー・エンドだということだ。ねずみくんはそれでもいいんだという気持ちが、漠然とではあるが心の中にあったのではないだろうか。そう考えるとねずみくんもすごい奴だ」

「たとえ人より何か優れている特技や才能がないように見えても、誰かと協力し合えば一人でできないことができるようになり、他人と関わることで見えてくる自分の特技や才能がある」

「あしかくんのおかげで自分の長所がわかったねずみくんだが、あしかくんによって気づかされたようなものだ。自分のいいところは他の人によって気づかされることが多いのかもしれない」

「多くの人間は自分の優れているところにあまり気づこうとせず、むしろ自分の劣っているところに目を向けがちである。周囲の人との協調性も必要だと思うし、自分にできることには最大限に力を発揮するべきだろう」
「自分が得意だったり、できることをするときは、他の人のことは気にしなかったり見えなかったりする」

5　授業「りんごがたべたい　ねずみくん」の指導上の留意点

①　生徒と教師の基本姿勢『わたしと小鳥とすずと』

感想文で生徒が引用した『わたしと小鳥とすずと』の詩を二時間目に生徒たちに改めて紹介した。友だちの感想文を読むときは「みんなちがって　みんないい」をモットーにその見方や考え方を理解し、自分の見方考え方についても同じように考えて読み直すことが大切であること、そうすることでお互いのよいところが学び合えることを知らせた。道徳授業のときの生徒と教師の基本姿勢であることを知らせる。

『わたしと小鳥とすずと』　金子みすゞ全集　Ⅲ

わたしが両手をひろげても、お空はちっともとべないが、
とべる小鳥はわたしのように、地面をはやくは走れない。
わたしがからだをゆすっても、きれいな音はでないけど、
あの鳴るすずはわたしのように　たくさんうたは知らないよ。

すずと、小鳥と、それからわたし、みんなちがって、みんないい。

② 「ねずみは木に登れる」という生徒の反応

このように虚構の部分にこだわる生徒がでてくることがある。たとえば「ねずみは木に登れるのだ」「自分がねずみだったらりんごの木をかじってりんごをとる」「さいが木にぶつかったらりんごはたくさん落ちるだろう」といった見方で、「助けた亀に乗って竜宮にいくとき、浦島太郎が海の中をどうして行くことができたのだろうか」というのと同じ反応である。

結論としては「そういうこともあるね」と軽く受けとめてやるくらいでいいのではないかと思う。虚構の世界に自然に入っていけるかどうかは、幼児期にどれくらい昔話に触れることが出来たかどうかにかかっているという解釈を読んだことがある。「ここで考えることはそんなことではない」と強引に否定することも、「科学的な見方がよくできる」と肯定することも適切ではないように思う。自然に虚構の世界に入っていくのを待つことだと思う。

③ 読み合う活動のあとに感想を書かせたこと

どの授業でも「読み合う活動」のあとに感想を書かせるようなことはしない。「読み合う活動」をもとにして更に考えさせたいときに行うことが通常である。道徳の時間の最初なので、これから行う活動を知らせるために取り入れた。授業に慣れた段階では、他の動物はどうして声をかけなかったのか状況分析させるような課題も考えられる。

④ 教材としてはビデオでも十分である

絵本は、中学生でも幼児のようにひとりで絵本を読むことが大切である。それが不可能な場合は、二人で一冊を読み合うとか絵本を印刷するような無理はしないで、ビデオを使ったほうがよいと思う。そのときは、あしかくんが「ぼくにも　ひとつとくいなことがある」のところでビデオをとめて、その次の場面を予想させるようなこともできる。

第二節　『アメリカから帰って来た優』——人間関係のきしみを克服する

1　資料解説

帰国したぼくは、公立の中学校一年生に編入学できた。ぼくはアメリカの中学校二年生からの編入学であることもあるのだろうが、だれもが温かく迎えてくれて、まもなく親しくつきあう友だちもできた。

しかし、こんな楽しい生活をどん底につき落とすような出来事が起きてしまった。ぼくのとったアメリカ人的言動が、友だちから誤解を受けてしまったのである。それは、帰国後一か月半ぐらい過ぎた夕方五時ごろであったろうか。ぼくが楽しみにしていたテレビを見ている時、帰国してから仲よくしていた同じ学級の友だち二人がたずねてきた。「優、ファミコンゲームをやらないか。おもしろいロールプレイングを持ってきたんだ」

ぼくは楽しみにしていたテレビがあり、六時まではこれを見て、六時からは家の手伝いをする予定にしていたので、「テレビを六時まで見て、それから家の手伝いをしなくてはならないので、きょうはいっしょにファミコンができない」と返事をした。二人の友だちはだまって帰っていった。

こんな出来事のあった翌日の朝、登校途中で昨日の二人に出会った。

「おはよう」と声をかけたが、二人はあいさつもしないですまして行ってしまった。学校でもなんとなくぼくを避けているようで、学級全体がぼくを白い目で見るようになってきた。ぼくにはこのようにされる原因がまったくわからず、思いなやむ日々が続いていた。

ある日校庭の木によりかかりながら、アメリカの友だちとの楽しかった日々をなつかしみながらひとり物思いにふけっている時、隣の学級の友人がそっと近づいてきた。「なんとなく寂しそうだよ。何を考えているの」と声をかけてきた。

最近、学級の友だちがなんとなくぼくを避けているようなのだが、どういうわけがあるのか思いあたることがないので、悩んでいることを話した。

その友だちは一瞬ためらったが、やがて、彼らが「わざわざ家までたずねていったのに、テレビを見ているから遊べないだって。優は何様だと思っているんだ。たかだか英語が達者なアメリカ帰りじゃないか。あんなのとはとてもつきあえないよ」と言っていることを教えてくれた。

ぼくは、友だちの言っていることが最初はよく理解できなかった。話をしているうちにだんだんと三年前までの日本の生活が思いだされ、ぼくがとった態度に思いあたるものがあることに気づいた。

アメリカの多くの家庭では、午後六時以降は、子どもたちが自分の家で生活するようにしつけられている。子どもたちは六時までの時間を大切に過ごそうと、自分の考えでこの使い方を決めて、それぞれ生活する習慣が身についていた。約束をしないで遊びに出かけた時は、相手が「遊べない」と言えば、「また遊べるときにくるよ」と、何のこだわりもなく帰っていく。こんな生活を三年間もしてくると、アメリカ的行動がすっかり身につき、ここが日本であることも忘れて、あんな言動をとってしまったのだと気づいたのである。アメリカではあたりまえの会話であっても、日本ではせっかく訪れてくれた友だちの気持ちを、大きく傷つけてしまったのだろう。

口では、異なる国の人たちを理解しあい、世界人類発展のために協力しあっていこうなどと言われるが、同じ日本人でも、心を通じ合うことのむずかしさを痛いほど味わった。

あしたは学校の友だちに、ぼくのとった態度が日本人としての言動でなかったことをあやまるとともに、これから機会あるごとにアメリカの生活習慣なども紹介しながら、ささやかな世界の架け橋になっていこうとかたく心に決めた。そう考えると、ぼくの心が、もやもやした霧が晴れていくように、明るくなっていくのを感じた。

（出　典　副読本『中学生の新しい道』二学年用　文教社）

副読本の『アメリカから帰って来た優』は、優くんがアメリカの生活に慣れるまでと、優くんが日本に帰って来てアメリカにいたときのような言動で友だちから避けられるまでと、その理由がわかって行動を起こそうとする三部に分かれている。右記の資料はその一部を省略した二部と三部である。

授業は二部の「ぼくは、友だちの言っていることが最初はよく理解できなかった。話をしているうちにだんだんと三年前までの日本の生活が思いだされ、ぼくがとった態度に思いあたるものがあることに気づいた」を中心に感想文に取り組ませる。

『りんごがたべたい　ねずみくん』は望ましい人間関係が示されている。『アメリカから帰って来た優』はそれと反対に希薄な人間関係が示されている。生徒の状況把握は、価値的なもの・心情的なもの・現実的なもの・経験中心のものなど、多方面にわたって行われることが予想される。新しい友だちとの出合いの中で、望ましい人間関係についても、その反対の人間関係についてもみんなで考えることに意義があると思う。

異なる意見を相互に交換しながら新しいものを生み出そうとする創造的な行為が、子どもの社会だけでなく大人の社会においても、どのくらい成立しているだろうか。共生し共存することは、容易に共生し合える他者とではなく、共にあることが難しい他者との共生をどのように実現するかにかかっている。「人間関係のきしみを克服する」のは子どもの社会だけでなく大人の社会の課題でもある。

資料の三部は、優くんが学級のみんなから敬遠されている理由が判ったときの、優くんの判断や行動意欲が示されている。「人間関係のきしみを克服する」ための優くんの行動についても、「国際理解」についても、どちらも十分な時間が必要だと思うので、今回は二部を中心にして三部は軽く扱うことにした。

2　読み合う活動の展開

授業が成立するためにはそのときの学習活動に慣れさせておくことが必要である。友だちの感想文を「読み合う活動」にも同じことがいえる。

生徒たちは『りんごがたべたい　ねずみくん』で書いたり読んだりする楽しさを体験した。この授業では、「読み合う活動」そのものに慣れさせることに配慮する。そのため、今回の「読み合う活動」では読ませる感想文を四例にしぼった。さらに読み合うことを確実にするために、この四例の中から各自選んだ一例について自分の考えを記述する活動も行った。

通常の「読み合う活動」では、生徒が考える情報の量を多くするために、感想文は八から一〇例を使う。さらに「読み合う活動」のあとで自分の考えを記述する活動は、必要に応じて行うのであって必ず行う活動ではない。今回は一連の活動にゆっくり取り組ませることにした。

「読み合う活動」のために選んだ四つの感想文は、「こころの中の闘い」「言葉の厳しさ」「アメリカの優、日本の優」「アメリカ人的言動」である。生徒たちはこの四例を読んだあとに、その中から一例を選んで自分の考えを記述した。その様子を①〜⑩で明らかにしよう。

1　「こころの中の闘い」

この文を読んで二回目でやっと意味がわかった。なにか心が締めつけられるような気がした。私も同じことをしたのではないかと思った。

中間考査が近づいてきたので勉強しようと思っていたときだった。小学校のときの友だちが三人家に来て、買物に行こうと誘ってくれた。うれしかった。でも、いま遊んでしまったら……と思ったので、「ゴメン、中間考査が近いんよ、本当にゴメン」と断った。三人とも笑って「イイヨ」と言ってくれた。

このときは、勉強すれば自分のためになると考えて、自分を優先してしまった。母に話しても、たぶん「テスト中だからしょうがないね」としか返ってこないと思うが、私は勉強中も集中できなかった……。

このように、テストと友だちという大切なことが重なったら、人はどちらを優先するのだろうと思った。私はどちらをとったとしても後悔すると思う。アメリカ人的言動というのは、私はないのだと思います。

①　友だちの感想文「こころの中の闘い」について

ぼくもこの人と同じようなことで悩んだことがある。ぼくが小学生のとき、ぼくより強い人とすごく仲がよかった。だからその人が家に遊びにきたときは用事があってもなかなか断れなかった。断ったときは、その人に話しかけても何も答えてくれないことがあった。いま『アメリカから帰って来た優』を読んで、そんな友だちは本当の友だちでないことに気がついた。

②　友だちの感想文「こころの中の闘い」について

この人は遊ぶのを断って中間テストの方を選んだので、おそらくこの人は良い成績だったと思います。この人は、三人の友だちに断ったとき三人の友だちは「いいよ」と言ってくれたのでホッとしたと思う。三人の友だちはいい人たちだなと思いました。

『アメリカから帰って来た優』を読んだ時、私は自分のことを先にしなければならないと思いました。しかし優くんにはないけれどこの人にはある言葉があった。「ごめん」という言葉だ。人間はこの三文字の言葉を言われるかどうかで気持ちが変わるのだなと思った。

遊ぶのを断るかそれとも遊ぶかというと私は遊ぶのを断ります。それは遊んだら、いままで勉強したことがダメになってしまうからです。

③　友だちの感想文「こころの中の闘い」について

あなたは中間テストを優先して良かったと思います。小学時代の友だちと買物に行きたい気持ちは、その友だちにもきっと伝わっているはずです。中間テストもがんばりたいという気持ちも伝わっていると思います。あなたはどっちもやりたかったのだろうがそれは無理なことです。今日の中間テストの勉強は、いましなければならない貴重なものなのだから、優先してよかったと思ってください。友だちとは都合のつく日に思いっきり遊んでみてはどうですか。

ただ友だちとはいつ別れるようになるか知れません。私の小学校三年の頃、転校してきた友だちととても仲良くなったある日、「一緒に買物に行こう」と誘われました。けれども、ピアノの発表会の前なので断りました。それから、その子は毎日のように誘ってきました。私は日に日につらくなりました。そして、ある日、その子は学校に来なくなりました。両親の都合で転校したそうです。その朝、私の机の中に、「一回だけでよかったのに」という手紙がありました。このことをふっと思い出しました。友だちも大切にしたいと思います。

2　「言葉の厳しさ」

私はこれを読んで、言葉というものは難しいものだと思いました。

優は、考えたことを口に出して言っただけなのに、言い方が悪かったのか相手に誤解されてしまった。でも友だちは友だちで悪いところがあると思った。優が言った言葉が気に入らなかったからといって避けたことだ。気に入らなかったら「その言い方はあまり良くないよ」と言ってやればいいのに。優もなぜ避けられているのか分からなかったのなら、勇気を出して「なぜ」と聞けばいいのにと思った。

でも「なぜ」と聞くのは本当に勇気がいることだと思います。また避けられたらどうしようなどと考えてしまうし、「なぜ」の聞き方が悪かったら嫌がられてしまう。本当に言葉は難しい。一つわからないことがある。避けられている理由がわかった優はこのあとどうするのかということだ。

④　友だちの感想文「言葉の厳しさ」について

ぼくは、優はこのあと謝った方がいいと思いました。自分は悪くないから謝らないじゃなくて、自分も悪いことをしたかもしれないと思った方がいいと思います。そうすれば相手も気持ちが良くなるし、自分もすっきりすると思いました。優は今度からはこんなことを起こさないようにしようと心がけて仲良くしていけばいいと思いました。しかし優が謝っても友だちが許さない時はどうすればいいのだろうか。

⑤　友だちの感想文「言葉の厳しさ」について

避けられている理由がわかった優はどうするか。私だったらその友だちに直接自分の気持ちを言う。言うのはとても勇気がいる。でもこのまま何も言わないでずっと避けられているのもいやだと思う。

私も似たようなことがあった。避けられてはいなかったけれど話す回数がどんどん減っていった。私は思い切ってその友だちに自分の気持ちを言った。そのとき、すごくすごく怖かった。でも友だちを失いたくなかったので勇気を出した。すると友だちも自分の気持ちを言ってくれて、二人はまた仲良くなった。だから優も二人の友だちに自分の気持ちを言ったらいいと思う。何もしないでいると仲直りなんてできないのだから。

⑥　友だちの感想文「言葉の厳しさ」について

ぼくは遊べないと言ったら友だちがどうして怒るのかわかりません。ぼくの小学校の時も、遊ぶ約束をしないときでも、遊べるときは遊んで、遊べないときは遊べないと言って遊びません。しかもどうして約束もしてない夕方の五時にきて遊ぼうと言うのだろうか。ぼくは夕方の五時から遊んでも遊ぶ時間は少ないと思う。優のことをそれだけで怒るのは、ただ単にアメリカから帰ってきたからだと思う。このようなことで怒ってはいけない。

優くんはこれからどうするのだろうか。ぼくは、優くんはそのままにしておけばいいと思う。ぼくの小学校ではすぐ絶交などということも多い。ぼくも絶交されたことがある。しかし、ぼくはそれでもいいと思った。絶交されてもすこしはしゃべるし、どうせまたぼくに近づいてきて遊ぶからだ。ぼくは、優くんは仲良くなるチャンスを待つべきだと思う。

3　「アメリカの優、日本の優」

私は、外国と日本では違うところはあると思う。例えば性格だ。外国人は結構大らかな人が多いのに対して日本人は儿帳面な人が多い。優は数年外国にいたので、外国人独特の大らかではっきりと物事を言う性格が移ってしまったのではないだろうか。そのことは、日本の中では「悪いこと」になってしまう。優はそのことをやってしまった。そのために、仲の良かった友だちに「あんなのとは、とてもつきあえないよ」と言われる結果になってしまった。日本と外国、同じ地球の中にあるのに、どうしてこんなに違うのかな。

⑦　友だちの感想文「アメリカの優、日本の優」について

アメリカと日本の違いは、アメリカは一言でイエスかノウできっぱり意思表示するけれど、日本は「いいです」と言っても本当にいいのか、よくないのか、許可をしますと言っているのかハッキリしない。日本人は相手を傷つけないように言うためにどちらなのか分からなくなってしまう。その反対にアメリカではどうだろう。アメリカは日本と反対に相手を傷つけるかもしれないけれど、ハッキリと答えるからどちらなのか分かりやすい。このような違いが、優くんと友だちのトラブルの原因ではないだろうか。

⑧　友だちの感想文「アメリカの優、日本の優」について

ぼくは、「アメリカの優、日本の優」の日本とアメリカの違いについて考える。確かに、日本の主食はご飯、アメリカはパン、お茶の種類も違うし、アメリカ人はすこしカッコイイところもあるけれどもそんなに違わないと思う。なぜなら、自分も家に友だちが来たことがあって、別に謝りもせずに帰したことがある。次の日学校に行っても別に何とも言われなかった。友だちにもアメリカ的なところがあったのかもしれないけれど、優の友だちもそこまで怒らなくても、大目に見た方がいいのではないかと思う。

4　「アメリカ人的言動」

私は、「アメリカ人的言動」という言葉に注目した。日本とアメリカ、日本と他の国は、どこがどのように違うのだろう。アメリカと日本は、言葉も文字も食べる物も違う。だから、長い間日本で生活した人が、急にアメリカで生活しようとしてもすぐには慣れないし、その反対に、アメリカで生活した人は日本の生活に慣れる

までに時間がかかる。

優の友だちは日本で生活しているのだから、優の行動と合わないこともあるのだろう。しかし共通しているところもあると思う。例えば、話しをすること、言葉は違っても相手に伝えることは日本もアメリカも必要なことだ。だから、もうすこしお互いに他の国の生活も知った方がいいと思う。

⑨　友だちの感想文「アメリカ人的言動」について

私は、「アメリカ人的言動」について書こうと思います。日本でもアメリカでも共通していることはあると思います。どんなに国と国が違っていても、同じ地球に住んでいるから、共通していることは山のようにあると思います。でも、優は友だちがきたとき一言足りませんでした。アメリカに住んでいる人でも、なにかを断るときは「ごめんね」と一言付け加えると思います。アメリカ人的言動というのは、私はないのだと思います。もしも日本とアメリカに共通するものがほとんどなかったら、日本はこんなに発達していないはずです。アメリカとの共通なものがたくさんあったから、お互いのことをもっと知りたいと思ったから、英語がこんなに身近になったのだと思います。

⑩　友だちの感想文「アメリカ人的言動」について

私にはフランスのお友だちがいます。名前はクリステル、とってもかわいくて優しい女の子です。クリステルは、フランス語、英語、ドイツ語、日本語の四つの言葉がわかります。六年生の三学期末に私はフランスに行きました。その時から文通をしています。

最初にクリステルから手紙がきて、それから私が返事を出します。クリステルはずっと文通しようねと言っています。もちろん私も同じ気持ちです。国が違っていても文通ができるというのは、お互いの気持ちが通い合っているからだと思います。私は、国が違っていても人間の純粋な気持ちは共通していると思います。

3　読み合う活動の内容

①　確信に満ちた状況把握

一時間目の四例の感想文に共通しているのは、自問自答しながらも自分の考えに確信が持てないような揺れを感じているところである。それにくらべて二時間目の感想は、一時間目の友だちの感想文をもとにして自分の考えを整理することができたので、生徒なりに確信に満ちたメッセージになっている。

「読み合う活動」に期待する社会的相互作用の主な機能は、もう一度自分なりに状況を把握し分析をするために、同じ年代の友だちのいろいろな情報を与えることである。生徒は自分の考えを整理し客観化し、自信を持って楽しいことに再挑戦するような満足感を得るようだ。このような活動をもとにして、生徒は自分の価値意識をつくっていくのではないだろうか。

②　話し合えば解決できるというメッセージ

感想文の四例や「読み合う活動」の一〇例で確認できるように、生徒たちは優くんの立場から状況を把握し分析している。二人の友だちの立場から状況を把握しているものがほとんどない。このことは、二人の友だちの行為をよくないと判断したのかもしれないし、自分は優くんの立場になることはあっても二人の友だちの立場になることはないと考えたのかもしれない。その結果、生徒たちは、優くんがどのように解決したらよいかについて、状況を把握し判断をしている。「優くんは謝ったほうがいい」といった簡単な解決方法も出てこなし、どうせ分かり合えるような相手ではないといった否定的な視点も出てこない。生徒は相手と話し合えば解決できることを基本姿勢にしている。これを表面的な状況把握とみるか、正しいものは正しいとして行動できる生徒なのだと判断するか迷うところであるが、どちらかだけだと考えなくてもよいのではないだろうか。どちらにしても、話し合えば解決できるというメッセージが学級の中に自然に生まれたことに意味がある。

今回のような生徒指導に関係するときは、とくに学級でどのような価値判断が一般化されるかは見過ごせない重要なところである。優くんの方が正しいと判断しながら、問題解決のためのいろいろな取り組みを考えている。個人によって問題解決の方法は異なるが、価値判断のところは一致している。道徳の時間であっても、生徒指導の視点は必要である。

「いじめ」は、このような冷静な状況把握が成立するところではなく、大勢に順応しようとする不透明な価値意識が学級全体を覆ってしまうときに現れるのだと思う。「いじめ」が発生するまえに、他者との人間関係のきしみは解決できるという前向きな自信とそのための方法のトレーニングが必要であろう。『アメリカから帰って来た優』は生徒の日常に密着していながら、アメリカから帰ってきた優くんというすこし離れた事例であるところによさがある。

4　生徒の状況把握と状況分析

①　初期段階の状況把握や状況分析

生徒たちは自分が心を動かされたところについて自由に感想をまとめたに過ぎない。そのような生徒の状況把握や状況分析の初期段階の傾向をまとめておきたい。

〈二人の友だちについての状況把握や状況分析はすくない〉

最初の感想文については、二人の友だちの行為についての状況把握が思ったよりもすくなかった。二度目の感想になると状況分析の幅の広がって、二人の友だちの状況把握も少しは出てきている。しかし、どちらかというと否定されるべきものについての状況把握や分析はまだまだすくない。一二歳という年齢や経験からくる一般的な傾向かもしれない。

二人の行為は否定されるべきものであろうが、そのことをしっかり理解するためにも、こういう行為をしてしまう弱さを相互に自覚しなければ問題の解決には結びつかないことにも留意しておきたい。今回は二人の状況については簡単に扱うようにした。

〈経験を呼び起しながら自分の考えをまとめる〉

読み合う活動で生徒が選択した感想文の傾向は、二学級の生徒の四〇％のものが「こころの中の闘い」について自分の考えをまとめたところによくあらわれている。自分の中の同じような経験をもとにして状況把握をし、経験を呼び起こしながら自分の考えをまとめているのであろう。二学級七〇名の選択は次のようになった。

「こころの中の闘い」二八名の四〇％、「言葉の厳しさ」一六名の二三％、「アメリカの優、日本の優」一一名の一六％、「アメリカ人的言動」一五名の二一％である。

② 再三の状況把握は内容を鋭くする

生徒たちは、資料の「ぼくは、友だちの言っていることが最初はよく理解できなかった。話をしているうちにだんだんと三年前までの日本の生活が思いだされ、ぼくがとった態度に思いあたるものがあることに気づいた」のあと優くんがどうしたのかということに興味をもっていた。

そこでしばらく時間をおいてから、資料の後半を読ませて感想をまとめさせた。

後半の内容は優くんが前向きに対応しようとしているところで、このような優くんの前向きな考えが示されると、反動のようにこれに疑問を投げかけるものや、その後の結果についてプラスの予想をするだけでなくマイナスの予想も出てきたりして、生徒の状況把握や状況判断は鋭く充実してくる。後半は国際理解がテーマになるであろうと予想したが、生徒は人間関係のきしみにどう対処するかについて多く考えている。このような生徒の状況把握の内容充実にも注目したい。四例を示しておこう。

1　「優くんは自分に自信がついたのだろう」

私は、これを読んだとき「ぼくの心が、もやもやした霧が晴れていくように、明るくなっていくのを感じた」というところがよくわからなかった。本当に心が晴れるのだろうか。晴れるのなら、もう少しはやく自分から言えばよかったのではないだろうかと…。

優くんは自分に自信がついたのだろうと思う。自信がなければ心は晴れないだろう。「外国人でも、日本人でも心が通じ合えば理解し合え、友だちがたくさんできる」という優くんの自信は良いと思う。

2　「素直な優くんをクラスのみんなは必ず許すだろう」

優くんは、アメリカから帰って来たばかりで日本人の心がわからないのは当たり前でしかたがないことなのに素直に謝っている。もしも私が優なら、しかたがなかったのだから許してくれてもいいではないかと考えて、素直には謝らないだろう。多分ほとんどの人も私と同じように考えるのではないだろうか。こんな素直な優くんをクラスのみんなは必ず許すだろうと思う。

3　「世界の架け橋になりたいとあるけれど、そう簡単ではないはずです」

この話に出てくる優くんはちょっと単純だと思います。「ぼくの心がもやもやした霧が晴れていくように明るくなっていくのを感じた」とあるけれど、友だちと心が通じ合えたときはいいけれど、通じ合えなかったら悩み続けると思います。「ささやかな世界の架け橋になりたい」とあるけれどそう簡単ではないはずです。

アメリカの生活習慣を紹介するときに、正しく素直に心に受けとめてくれればいいけれど、「それは自分がアメリカに行ったことがあると自慢しているのじゃないか」などと受けとめる人だっているかもしれない。心の通じ合うことの難しさを痛いほど味わったのはいい経験だけれど、世界の架け橋になるのも大変です。この優くんがこの後どうなったか続編があったら読みたいです。

4　「『ああ、いいよ』みたいなクールさが欲しい」

「『また遊べるときにくるよ』と、何のこだわりもなく帰っていく」ところに注目しました。私はこの点でいえばアメリカの方が好きです。遊べなくてもギャアギャアうるさくないから。

日本人全員がそうではないと思うけれど、私の友だちはそんな人たちばかりでした。あらゆるところに私を連れて行こうとして、断るたびに「友だち付き合いが悪い」だの「すこしは話にのれ」だのといろいろと文句を言いました。それにくらべるとアメリカの方は「じゃあ、また、ひまなときに…」って感じでクールです。日本人も「ああ、いいよ」みたいなクールさが欲しいと思います。あまり付きまとわれるとかえって友だちでいることが嫌になって、縁を切ることになるかもしれません。

5　授業「アメリカから帰って来た優」の指導上の留意点

①「優くんは謝るべきだ」という意見が多数出てきたとき

今回の二学級のどちらからも「優くんは謝るべきだ」という意見は出ていない。しかし前年はこの意見が大勢を占めた。教師が「このあと優くんはどうしたらよいでしょうか」と質問したのが最大の原因だが、こういう生徒の反応はどこでも予想される。前年はこれにどう対処したか、その悪戦苦闘の様子は第四章三節で明らかにするが、次のことは押さえておくべきだろう。

優くんが謝るとしたら、誰に対してなにを謝るのかその内容をはっきりさせておかねばならない。漠然と全面的に謝るような結論にはならないように留意しなければならない。このことは生徒指導の問題であるとともに、生き方のモデルを与えようとする道徳指導の問題である。

②生徒指導的な配慮

道徳の時間は、「いじめ」にいかに対処するかを考える時間ではない。人間関係のきしみを克服することについて、事例をもとにその状況を把握し分析し判断する力を育てることが目標である。その結果として人間関係のきしみを解決する力が育つのである。そのため道徳の時間の終わり方はオープン・エンドにすることが多い。しかしながら今回の授業は、「いじめ」についての教師のまとめが必要ではないだろうか。二人の友だちの状況を理解しながらも二人の友だちの行為を認めないことをはっきりさせて、「いじめ」の卑劣さに触れるべきであろう。

③「人は人、我は我なり、されど仲良き」

武者小路実篤は自己確立と他者との共存をこのような言葉で表した。大人だけでなく中学生にとっても自己確立と他者との共存は重い課題なのである。この授業のあとに、このような文言を知らせるのもよいのではないだろうか。自己確立と他者との共存を私たちがどのように実現するか、私たちの幸せに直接関わる課題である。

第三節　『一冊のノート』――敬老の日「和顔愛語」

1　資料解説

ある日、部活動が終わって、ぼくは友だちと話しながら学校を出た。途中の薬局の前で、友だちの一人が突然指さした。

「おい、見ろよ。あのばあさん、ちょっとおかしいんじゃないか」

「ほんとうだ。なんだよ。あのへんてこりんな格好は」

指さす方を見ると、それは、季節はずれの服装にエプロンをかけ、古くて大きな買い物かごを持った祖母の姿であった。確かに友だちが言うとおり、その姿は何となくみすぼらしく異様であった。ぼくは、あわてて祖母から目を離すとあたりを見回した。道路の向かい側で、二人の主婦が笑いながら立ち話をしていた。ぼくには、二人が祖母のうわさ話をしているように見えた。

祖母は、すれちがうとき、ほほえみながら何かを話しかけた。しかし、ぼくは友だちに気づかれないように、知らん顔をして通り過ぎた。友だちと別れた後、ぼくは急いで家に帰り、祖母の帰りを待った。

「ただいま」

祖母の声を聞くと同時に、ぼくは玄関へ飛び出した。祖母は、大きな買い物かごを腕にぶらさげて、汗をふきながら入ってきた。

「ああ、暑かった。さっき途中で会った二人は……」

「おばあちゃん。なんだよ、その変な格好は。何のためにふらふら外を出歩いているんだよ」

ぼくは、問いつめるような厳しい口調で祖母の話をさえぎった。

「何をそんなに怒っているの。買い物に行ってきたことぐらい見れば分かるでしょ。私が行かなかったらだれがするの」

「そんなことを言っているんじゃない。みんながおばあちゃんのことを笑ってるよ。かっこ悪いじゃないか」

「そうして、みんなで私をバカにしなさい。いったいどこがおかしいって言うの。だれだって年を取ればしわもできれば白髪頭にもなってしまうものよ」

祖母のことばは、怒りと悲しみでふるえていた。

「そうじゃないんだ。だいたいこんな古ぼけた買い物かごを持って歩かないでくれよ」

ぼくは、腹立ちまぎれに祖母の手から買い物かごをひったくった。

「どうしたの、大きな声を出して。おばあちゃん、ぼくが頼んだものちゃんと買ってきてくれた」

「はい、はい。買ってきましたよ」

隆は、買い物かごをぼくから受け取ると、さっそく中身を点検し始めた。

「おばあちゃん、きずばんと軍手が入ってないよ」

「そんなの書いてあったかなあ。えーと、ちょっと待ってね」

祖母は、あちこちのポケットに手をつっこみながら一枚の紙切れを探しだした。見ると、それは隆が明日からの宿泊学習のために祖母に頼んだ買い物リストであった。買い忘れがないように、祖母の手で何度も鉛筆でチェックされていた。

「やっぱり、きずばんも軍手も、書いてありませんよ」

「それとは別に、今朝、買っておいてくれるように頼んだだろう」

「そんなこと、私は聞いていませんよ。絶対聞いていません」

「あのね、おばあちゃん。……」

隆は、今にもかみつくような顔で祖母をにらんだ。

「もうやめろよ。おばあちゃんは忘れてしまったんだから」

「なんだよ。おにいちゃんだって、さっきまで、おばあちゃんに大きな声を出していたくせに」

ぼくは、不服そうな隆を誘って買い物に出かけた。道すがら、隆は何度も祖母の文句を言った。

その晩、祖母が休んでから、ぼくはきょうの出来事を父に話し、なんとかならないかと訴えた。父は、ぼくと隆に、先日、祖母を病院につれて行ったときのことを話しだした。

「おまえたちが言うように、おばあちゃんの記憶は相当弱くなっている。しかし、お医者さんの話では、残念ながら現在の医学では治すことはできないんだそうだ。これからもっとひどくなっていくことも考えておかなければならないよ。おばあちゃんは、おばあちゃんなりに一生懸命やってくれているんだからみんなで温かく見守ってあげることが大切だと思うよ。今までのように、なんでもおばあちゃんに任せっきりにしないで、自分でできることぐらいは自分でするようにしないといけないね」

「それはぼくたちもよく分かっているよ。だけど…」

これまでの祖母のことを考えると、ぼくはそれ以上何も言えなくなった。

その後も、祖母はじっとしていることなく家の内外の掃除や片付けに動き回った。そして、ものがなくなる回数はますます頻繁になった。

ある日、友だちからの電話を受けた祖母が、伝言を忘れたため、ぼくは友だちとの約束を破ってしまった。父に話したあと怒らないようにしていたぼくも、このときばかりは激しく祖母をののしった。

それから一週間あまりすぎたある日、捜しものをしていた僕は引き出しの中の一冊の手あかによごれたノートを見つけた。何だろうと開けてみると、それは、祖母が少しふるえた筆致で、日ごろ感じたことなどを日記風に書き綴ったものであった。見てはいけないと思いながら、つい引き込まれてしまった。最初のページは、物忘れが目立ち始めた二年ほど前の日付になっていた。そこには、自分でも記憶がどうにもならないもどかしさや、これから先どうなるのかという不安などが、切々と書き込まれていた。普段の活動的な祖母の姿からは想像できないものであった。しかし、そのような苦悩の中にも、家族と共に幸せな日々を過ごせることへの感謝の気持ちが行間にあふれていた。

「おむつを取り替えていた孫が、今では立派な中学生になりました。孫が成長した分だけ、私は年をとりました。記憶もだんだん弱くなってしまい、今朝も孫に叱られてしまいました。自分では気付いていないけれど、ほかにも迷惑をかけているのだろうか。自分では一生懸命やっているつもりなのに……。あと一〇年、いや、せめてあと五年、なんとか孫たちの面倒を見なければ。まだまだ老け込む訳にはいかないぞ。しっかりしろ。しっかりしろ。ばあさんや」

それから先は、ページを繰るごとに少しずつ字が乱れてきて、判読もできなくなってしまった。最後の空白のページに、ぽつんとにじんだインクのあとを見たとき、ぼくはもういたたまれなくなって、外に出た。

庭の片隅でかがみこんで草とりをしている祖母の姿が目に入った。夕焼けの光の中で、祖母の背中は幾分小さくなったように見えた。ぼくは、だまって祖母と並んで草とりを始めた。

「おばあちゃん、きれいになったね」

祖母は、にっこりとうなずいた。

（出　典　「中学校　読み物資料とその利用――『主として集団や社会とのかかわりに関すること』――」文部省　道徳教育推進指導資料〈指導の手引き　四〉平成六年三月）

資料は、「中学校　読み物資料とその利用」にある『一冊のノート』の前半部分を省略した中段と後段である。授業ではこの中段と後段を使う。内容四の(六)「父母、祖父母に敬愛の念をふかめ、家族の一員としての自覚をもって充実した家庭生活を築く」に関する資料である。『りんごがたべたい　ねずみくん』のような生徒の着眼点の多様さはないが、焦点化された内容について生徒の受けとめ方の多様さが期待できる。

中学生たちは、家族という内側の世界から、学校や社会という外側の世界に向かって大胆に自分を投入しようとする時期を迎えている。それとともに、今までのような家族のあたたかな温もりの中にいたいという思いも強い。家族に依存したい自分と家族から独立したい自分とが交錯するのである。このような時期に、あらためて自分の祖父母をふくめて家族一人ひとりと自分とのつながりを考えることは、遠く離れていた大切なものが手元にもどってきたような温かな気持ちにさせるようだ。

2　生徒の状況把握や状況分析の類型

『一冊のノート』の感想文は、生徒が着目する内容については、いままでの資料で見られるような多様さはない。その反面、着目する内容が共通であるためであろうか、資料で示された問題について生徒の受けとめ方の違いが目立っている。自分との関わらせ方や自分の問題として受け入れる受け入れ方の程度が生徒によって異なっているのである。このような受けとめ方の違いを生徒による状況把握や状況分析の方法上の違いとして、次の①～⑤の視点で『一冊のノート』の感想文を分類してみた。

①　判断を中心にした状況分析

感想文1、2は、何が正しいか、どうあることが望ましいのかはっきり判断している。これだけで価値の内面化を図ることはできないが、価値内容を理解するために必要なプロセスであろう。価値の内面化のための十分条件ではないが必要条件である。この段階の状況分析を簡単に建前だけの感想だとマイナスに評価してしまうと、生徒の気持ちを萎縮させてしまうので扱いに注意したい。

1　「自分がするべきこと」

この文章を読んで、一番気にかかったことは、「ぼく」がおばあちゃんのことを恥だと思っていることです。自分の家族なのに、知らない人のふりをしていてはだめだと思います。友だちも友だちだと思いました。もし、本当の友だちならば、「あれ、ぼくのおばあちゃん。少し物忘れが多いけど、とってもよくしてくれるのだ」と、はっきり言えるし、その方が今後、堂々としていられると思います。

私の祖母や祖父はまだ若いのでそういうことを経験したことがないけれど、もしも、私の祖父や祖母がそうなったとしても、絶対にやさしく接してあげたいし、友だちも、こういう祖母をそのまま自慢できるような友だちを持っていたい。しかし、このごろの世の中は、そううまくいかないのが現実だ。実際に年寄りはきらいって言う人もいるし、おじいちゃんやおばあちゃんも嫁をいじめているということも少なくない…。

2　「なぜ　どなったりするの」

私のおばあちゃんはほとんど耳が聞こえません。病院に行ったら治る程度だけれど結構困っています。電話がなっているのも気づかないし、おなべが沸騰して吹きこぼれていても気がつきません。だけど、私はこの「ぼく」みたいにおばあちゃんを怒鳴ったりしたことはありません。

これを読んだとき、私はおばあちゃんより「ぼく」や「弟の隆」や「ぼくの友だち」や「二人の主婦」などに腹が立ちました。たしかに、格好は変かもしれないけれど、おばあちゃんを無視してすれちがうなんて、そこを読んだとき悲しくなりました。年をとれば前よりいろんなところが衰えてくるけれど、そこまでするなんて信じられないと思いました。

『一冊のノート』を読んでから、いままで何とも思わなかったけれど、私もおばあちゃんに任せっきりだとダメだなと思いました。

② 共感を中心にした状況分析

感想文3、4は、どちらが良いとか悪いというような判断ではなくて、「祖母」や「ぼく」のどちらの状況も共感をもって理解しようとしている。その理解が「主人公の気持ちも祖母の気持ちもよく分かります」となり、その結果がどちらもがんばってという気持ちになって標題の「がんばって」になったのだろう。共感的理解は心情理解を助けるだけでなく、状況把握の内容に幅と奥行きを与えてくれる。

このように共感をもとにした考察は、生徒たちの日常生活における現状認識を深めるとともに、自己理解や人間理解につながるものであろう。判断を中心にした状況分析と同じように、価値の内面化のための十分条件ではないが必要条件であろう。

3　「がんばって」

主人公の「ぼく」は、祖母のノートを読んだとき複雑な思いが頭の中をかけめぐったと思う。祖母だって家族の一員としてみんなのためになるように、できる範囲のことを徹底してやったと思う。それが逆に悪い方につながってしまったのだ。祖母は、残り少ない人生の中で、できる限りのことを孫のためにしようと考えていた。それが失敗につながり、主人公はその気持ちが分からず、受け入れられず、このような結果になったと思う。主人公の気持ちも祖母の気持ちもよく分かります。

4　「おばあちゃん　ありがとう」

この主人公は、「おばあちゃんきれいになったね」と言っていたけど、本当は「ありがとう」と言いたかったたんじゃないかなと思いました。私も、お母さんやお父さんにありがとうを言いたくても恥ずかしくて言えません。でも、「ありがとう」と言えなくても、「おばあちゃんきれいになったね」というやさしい一言で感謝の気持ちが伝わると思います。

③　道徳的価値の内容についての状況把握

『「おむつを取り替えていた孫が今では立派な中学生になりました』という祖母の自分に対する喜びを、この人は受け取ったのだと思います」は、この資料が提起している最も核心部分に着目している。生徒の表現にはそれほどの自覚はないようだが、主人公の状況把握や状況分析の転換点をはっきりとらえている。いままでのカッコイイ祖母や自分たちのためになんでもしてくれる祖母という自分を中心にした祖母の存在を見直させられるところである。心情的な理解を重ねると、いろいろな転換点に気づくのではないだろうか。

5　「やはり心配です」

「おむつを取り替えていた孫が、今では立派な中学生になりました」という祖母の自分にたいするやさしさや喜びをこの人は受け取ったのだと思います。私の祖父は学校の先生をしていたので、人を叱るのが上手です。だから祖父はきらいです。でも家にいないときや熱が出たりすると心配します。やはり、きらいでも心配するんだなと思いました。

6「あのときのぼく」

あの時、「ぼく」が何も言わず祖母のとなりに並んで草取りをしたのは、日記のことを言って祖母が恥ずかしがるのを避けたからだと思う。それに、今まで祖母を非難してきたのに、急に祖母にやさしくすると祖母もびっくりするだろうし、「ぼく」も自分から表現するのは照れ臭いと考えたのだろう。

僕は前回の『だから、あなたも生きぬいて』の中の「今こそ出発点」の大平光代さんのように、一切れの紙や一冊のノートでもその中にしっかりと気持ちや心が入っていれば人の気持ちを変えられるのだとあらためて感じた。

④　自分と関わらせた状況把握
感想文7、8は、自分と対比しながら状況を把握し分析している。いままでも自分と関わらせた把握や分析はなされてきたが、無意識な関わらせ方だったように思う。ここでは、明確に自己と対比しながら状況を把握し分析している。道徳的価値を自分のフィルターに通しながら理解することによって、はじめて価値を自分の中に取り入れることが可能になるのではないだろうか。前記感想文1や2と比較するとその違いが明らかになる。


7「ぼくと祖父母」

ぼくは自分のおじいちゃんやおばあちゃんのことを特に考えたことはなかったけれど、こうやって文に書こうとすると、ぼくとはどういう関係なのか、これからどうなっていくのか少し考えてみた。

ぼくのおじいちゃんは静かでおとなしい人だから、ときどき、やさしい言葉をかけてくれている。おばあちゃんとは小さい頃からいろいろかかわってきたと思う。僕にとっておばあちゃんは、口うるさいというか真面目すぎるというか、お母さん以上に世話を焼かれたような気がする。それでよく口げんかをした。最近は、僕の方が激しく反抗するのでおばあちゃんも遠慮しているような気がする。こうやって考えてみると、おばあちゃんももうすぐ七〇歳になるしかわいそうになってきた。明日は、おばあちゃんと仲良くすごそう。

8　「ふりかえる」

私の場合は、この主人公とちょっと似ています。まだまだ物忘れにはなっていないけれど、最近おばあちゃんの耳が遠くなってしまったような気がします。私の家は五人家族です。親は二人共、仕事で忙しくて、家でゆっくりできるのは日曜日や祭日ぐらいしかありません。だから親たちができないでやり残したところを、祖母がカバーしてくれます。六〇歳を過ぎても元気というのは、本当にうれしいことなのです。

主人公に似ているところは、私がカバンを階段に置きっぱなしにしていたりするとすぐ注意してくれます。でも、私はむっとしてカバンをおばあちゃんから取って音を立てて階段を登ってしまいました。ちょっとじゃないけど、「ひどかった」と反省しています。

⑤　自己課題を中心にした状況把握

感想文9、10は、資料の『一冊のノート』から離れて自分の家族のことを語っている。資料に触発されて自分の身近な人々と自分とのつながりを見直している。『一冊のノート』は十分に機能していると考えてよさそうだ。道徳的価値の内面化にはこの段階も欠かせない。

9　「私の祖父と祖母」

私のお母さんのお母さんやお父さんは見たこともなければ名前も知りません。私が生まれてからすぐ亡くなってしまい、お母さんだけお葬式に行ったらしいです。お父さんのお父さんは見たことがあるけれど病院に入院していて、おばあちゃんは一緒に住んでいないから顔はあまり覚えていません。

おじいちゃんが急に病気が悪くなってお見舞いに行ったりしました。でもその時は八一歳で私の顔とか私のお父さんの顔とか全然覚えていませんでした。覚えていなかったというより分からなかったらしいのです。おじいちゃんは死んでしまって私はお葬式に行きました。おじいちゃんが棺に入れられて私たちはその中にたくさんの花を入れました。お父さんはおじいちゃんが死んでも悲しくないって言っていたけど、心の中では悲しかったのだと思います。自分の親のことを嫌いな人はいないと思う。

お父さんのおばあちゃんの名前しか知らないけれど書いておきます。おばあちゃんの名前はフサヨと言います。

10　「大切な人」

私のおばあちゃんは、私が生まれた時にはもう亡くなっていました。けれど私のお姉ちゃん二人は、よくおんぶしてもらって公園に連れて行ってもらったといいます。私は、その話を聞いた時、少しうらやましかったです。

でも私にはおじいちゃんが二人います。お父さんのお父さんは、一緒に暮らしていて、二人で森にドングリや花やイチゴなどを採りに行きます。おじいちゃんは私のために汗をびっしょりかいてまでドングリや花やイチゴを取ってくれます。お母さんのお父さんは、佐賀で一人暮らしをしています。家が遠いので、お正月やお盆などにしか会えないから寂しいです。でもそんな短い時間でも会えると楽しいです。私にとって二人のおじいちゃんは大切な人だし、もちろん亡くなったおばあちゃんも大切です。今の生活はとても楽しいです。

3　状況把握や状況分析の類型

生徒の問題の受けとめ方の違いを、状況把握や状況分析の方法上の違いとして五つに分類した。そこで、五つに分類した「判断を中心にした状況分析」「共感を中心にした状況分析」「道徳的価値の内容についての状況把握」「自分と関わらせた状況把握」「自己課題を中心にした状況把握」の指導上の位置付けを明らかにしておきたい。

①　道徳的価値の内面化のプロセス

状況把握や状況分析の五つの類型は、「判断を中心にした状況分析」から「自己課題を中心にした状況把握」へと発展する道徳的価値の内面化の五つの段階と考えることもできるであろう。それぞれの感想文をこのような段階的な視点でとらえることが、感想文の内容理解のためにも生徒理解のためにも必要である。

このとき注意することは、どの段階がよくてどの段階がよくないといった評価をしないことである。「判断を中心にした状況分析」については自分と関わらせないで判断だけをしているといった評価をすることがある。「共感を中心にした状況分析」を高く評価したりする。道徳的価値の内面化においてはこのような評価は意味がないと思う。

生徒が問題を受けとめる段階は、固定しているのではなくて、扱う資料や道徳的価値の内容や生徒の現在の課題意識によっても変わるのである。さらにある段階からスタートしたとしても、そこからスパイラルに質的な高まりを見せながら、各段階を経験するのではないかと思う。生徒にとって現在の段階がすべてではない。生徒が判断中心の接近をしたとしても、それはスパイラルな繰り返しのプロセスと考える方がよさそうである。

いつまでも自分と関わらせないで価値を考えることも無理だし、自分との安易な関わらせ方も本当の内面化にはつながらない。生徒の感想文がどの段階のものかを知ることは大切だが、その段階を評価することは危険である。

これらの各段階は道徳的価値の内面化の必要条件であり、それを集めた五段階は内面化のための十分条件になっているように思える。生徒の感想文は評価を伴わないで段階的にとらえることが、感想文の内容理解のためにも生徒理解のためにも必要ではないだろうか。

②　状況把握の方法を習得させる

『一冊のノート』の二時間目は、五つの分類などは知らせないままに上記の1～10を配列のまま読ませた。生徒たちは、着目する内容の違いだけでなく、その内容を問題にする仕方の違いにも気づくかもしれない。

このような学び方そのものについては、意図的な示唆は避けて生徒の自然な学習に任せておきたい。要領のよくない学び方ではあろうが、試行錯誤しながら内面化が行われることの方が生徒の学習は確実であるように思われる。

③　状況把握の内容と方法の二種類の多様さ

生徒の感想文には、「どのような問題に」「どのように接近するか」という、内容と方法に関する二種類の多様さが混在している。

どのように問題に接近するかということについて、ここで五つの類型に分類した。さらに、生徒が着目する内容についても、生徒によって着眼点が異なる。そうすると一つの資料の感想文には、状況把握や状況分析に関して、注目する内容の違いが五つあるとすると、方法の違いが五つあるのだから、単純に計算すると、ひとつの資料の読みには、五×五の二五通りの多様さが存在することになる。生徒の感想文の読みも「読み合う活動」のための感想文の選択も、この二種類の多様さを整理しながら進めなければならない。

4 「和顔愛語」による実践的な指導

① 「敬老の日」における和顔愛語

『一冊のノート』の学習が一学期末だったので、道徳の時間としては、『一冊のノート』の次の時間にあたる二学期の最初の時間に、「和顔愛語」について次のような話をした。時期としては「敬老の日」の前である。

生徒に紹介した「和顔愛語」

敬老の日を迎えるにあたって、中学一年生のあなたたちが、家族にしてあげることができることを一つ紹介しましょう。あなたたちは、経済的にも精神的にも家族の方々に守られて育てられています。そういうあなたたちは、自分でお金を稼ぐこともできないし力もそれほど強くありません。「敬老の日」にプレゼントしたとしても、そのお金はやはり家族から戴いたものです。そういうあなたでもできる贈り物のことです。それは、あなたがどのような境遇になろうとも、たとえ権力や地位を失ったとしても、あなたが病気であったとしても、あなたがどのように遠いところにいたとしても、贈ることができるものなのです。

和顔愛語、おだやかな顔、やさしい言葉。

遠くにいるおじいさんにも贈ることができます。おかあさんにも穏やかな顔でやさしい言葉で「おはよう」ということができます。疲れて帰ってくるおとうさんにも直接の「ありがとう」よりもっと深い喜びを与えることができるのではないでしょうか。「敬老の日」には、心に決めて実行してみて下さい。

② 「ことばを育てることは　こころを育てること　人を育てること　教育そのものである」

国語教育の先達である大村はま先生は「ことばを育てることは　こころを育てること　人を育てること　教育そのものである」という。生徒には「和顔愛語」という言葉を教えただけであるが、感想を次のように書いている。言葉の力を再確認させられた。

1 「和顔愛語って、知っとる?」

家に帰ったら、一番先に「和顔愛語って、知っとる?」と言うだろう。そして、敬老の日には、おばあちゃんとおじいちゃんにプレゼントする。ぼくのプレゼントは「和顔愛語」だ。ぼくはお金があっても使わない。そういえば、弟は「肩もみ券」をつくると言っていた。ぼくもなにか実体のあるプレゼントをした方がいいのだろうか。いや「和顔愛語」ができれば十分だ。

2 「おばあちゃんに、電話をかけよう」

ぼくも「和顔愛語」という言葉は知らなかった。みんながこの言葉を知ったら幸せになると思う。どれだけの日本人が知っているだろうかと考えるけれどそれほど多くはないと思う。ぼくは、この言葉は不思議な力を持っていると思っている。ぼくは敬老の日におばあちゃんに電話をかけたい。そしてその会話に和顔愛語という不思議な力を入れたいと思う。

3　「祖父や祖母に会うのが照れくさかった」

ぼくは、いままで、敬老の日がくると、祖父や祖母に会うのがとても照れくさかった。それにほとんどと言っていいほど感謝したことがない。敬老の日は、祝日でしかなかった。今年の敬老の日は「和顔愛語」ならできそうだ。「祖父や祖母に感謝するのがあたりまえだ」と思って、話しかければいいのだろうか。

4　「祖父の家にいくとき」

私たちが祖父の家に行くときはいとこと一緒なので、祖父は、いとこの一番下の三歳になる女の子といつも遊んであげて、私たちにはかまってくれません。だから私はいつも祖父を嫌っていました。

でも、いま思うと、私たちも小さかったときはこんなふうに遊んでもらえたのだとわかりました。だから、こんど祖父の家にいるときは、お仏壇の中にいる祖母と元気に暮らしている祖父に「和顔愛語」を実行しようと思いました。ところで、電車で席を譲ってあげるときも、笑って「どうぞ」というのも「和顔愛語」なのかなと思いました。

5　「マヨやエミの顔が浮かんだ」

「和顔愛語」の言葉を聞いたとき、私は真先にマヨやエミの顔が浮かんだ。

一学期の私は、とても喜怒哀楽が激しくそのうえ独占欲が強くいわゆる「自己中」でした。そのため学校で毎日喧嘩が絶えませんでした。きのうはワイワイやっていたのに、今日はいがみ合いといった毎日をおくっていました。私は「こんな学校楽しくない、もうやめる」などと、自分のことしか考えないで、原因はすべて相手にあるのだと思い込んでいました。このときの私の表情、発言、考え方は相手にどのように写ったのだろう。

しかし、二学期に入ってから、私たち三人はまだ一度も喧嘩をしていません。それに、互いの性格もわかってきて前よりも仲が良くなりました。私はとても幸せです。エミやマヨだけでなく、ユリやアズサ、ミズキとか仲良くしています。みんな、私に優しい顔で優しい言葉をかけてくれます。私も、優しい顔で優しい言葉をかけていられればいいなあ……。やはり友だちっていいなあ……。

5　授業「一冊のノート」の指導上の留意点

①　この資料は教師が予想するよりも生徒の心を揺さぶることができる

生徒の素直な反応に驚かされた。大学生に読ませたときも同じ傾向を示す。教師自身も自分の家族のことを見直させられた。この資料のテーマは、生徒の身近な問題でありながら、身近であり過ぎるために問題として意識することもなかったことを問題提起している。資料を読んで改めて自分の身辺を振り返るのではないだろうか。

授業の中で直接生徒に道徳的実践をうながすような授業はほとんどしていないが、ここでは「和顔愛語」を紹介して実践をうながした。

②　オープン・エンドな授業

この授業は友だちの感想文を読み合うだけのオープン・エンドな終わり方にした。それぞれの生徒の個別の課題による発展が期待できそうだからである。

授業によっては、祖母のノートを読むことによって変化したものを分析し自覚させる展開もあろう。祖母に対する心情的な変化だけでないものを、「ぼく」自身が自覚しない限り同じことが繰り返されると考えられるからである。

しかし、このことを急ぐあまり、祖母の存在を観念的にまとめてしまう恐れがある。そのため、今回は祖母のさまざまな様子とそれによって起こるトラブルについて、しっかり状況把握し分析し判断することを主眼にした。

③　生徒の祖父母の名前が書けるなら感想文の横に書いておきなさいと指示

祖父母は、生徒たちのおじいさんおばあさんとしてだけでなくて、社会で働き社会に貢献している人格をもった存在として位置付けられていなければならない。そのような自覚のもとに、自分の大切な祖父であり祖母でなければならない。そのような意図を含んで祖父母の名前を書かせた。生徒は祖父母の名前を意外と知らない。

祖父母の名前を学校で書かせることにある程度の配慮は必要ではあるが、どのような境遇においても生徒の父母と祖父母は存在しているのであって、このことが意図的に隠されていたとしても、生徒たちがいつか直面しなければならない問題を含んでいる。このことに過度のこだわりをもつことは、片親であることや祖父母が不明であることは隠しておかなければならないことなのだと思ってしまうことの方が危険である。

第四節　大学生は生徒たちの感想文をどのように読むか

はじめに

私の「道徳教育の研究」の授業を受講している教育系大学の一〇〇名の学生に、一節の『りんごがたべたい　ねずみくん』で使った生徒の感想文1〜8（本書三七〜四一頁）と、三節の「一冊のノート」で使った感想文1〜10（同七四〜八一頁）を読んでもらった。

『りんごがたべたい　ねずみくん』の感想文については、感想文の中から一つを選んで、感想文を書いた生徒に手紙を書くことにした。『一冊のノート』の感想文については、中学生の感想文を読んで自由に感想を書くことにした。学生たちが書いた手紙文や感想はいろんな意味で示唆に富んでいると思う。ここに掲載し、教師が生徒の感想文を読むときの参考資料にしたい。

1　『りんごがたべたい　ねずみくん』の感想文に手紙を書く

教師は、授業をいかに展開するかという冷静な視点と、一人ひとりの生徒の成長を見守り育てるという温かな視点とで生徒の感想文を読む。この二つの視点は共通部分をもっているが、実際には冷静な指導上の視点と温かな応援者の視点は区別しておいた方がよいかもしれない。

学生には、温かな応援者の視点で感想文を読むようにし、感想文を書いた生徒に人生の先輩として応援する立場で手紙を書いてもらうようにした。ここに示す一〇例の手紙文は、生徒の考えを受け入れながら、それに関わる自分の体験を語り、その中で感想文の内容を補充し深化し統合している。このことが見事に具現化されていると思う。手紙をもらう生徒だけでなく、手紙を書く側の成長までもうながすように思われる。

1　生徒の感想文　「風変わりなねずみくん」

ねずみくんは、みんながりんごをとることができたのに、自分はとれないのをくやしいと思っていました。他のものがりんごをとっていったあとに、他のものがしたように真似をしてりんごをとろうとします。自分にはできないことや、自分にないものを欲しがっています。ここが、おもしろいところです。人間も自分にないものを欲しがります。欲張らないでもいいのに。でも、このねずみくんはちょっと違うところもありそうです。なんとなく努力している感じがする。どこが違うのだろう？

① 学生の手紙　DEAR「風変わりなねずみくん」へ

お久しぶり。ずうっと会っていないけれど元気してる？　ぼくはとっても元気。こんなに離れているのに、大学で習うことは同じだね。君の感想読んだよ。君はねずみだったのか…。

確かにか細くて走ったりするのも苦手だったよね。いつも「ゴッツくなりたい」とか「足が速くなりたい」とか体育の授業のたびに言って来たよね。でも運動部だったぼくにとって、その言葉は同情の余地もなかったよ。いろいろ言うわりに君はテレビゲームばかりして努力しなかったじゃないか。

足が速い奴は毎日体を鍛えてるんだから当然速いんだよ。毎日一生懸命頑張ってる人たちの前では、あんなこと言わない方がいいよ。ぼくは君の友だちだからこんなこと言うんだからね。でも君のこの感想を読んで安心したよ。やっと気づいたんだなって思ったよ。だって君は、現役で東大に合格したじゃないか。自信持てよ。**From Mr. Z**

2 生徒の感想文「自分だけにできること」

ねずみくんみたいに、自分はできなくて他の人ができたら、私もねずみくんと同じように、「あんなことができたらいいな」とか、「あの人のようになりたいな」と思うだろう。しかし、あしかくんは、「力は強くないけれど、空も飛べないけれど、自分には得意なことがある」と言えるってことは、ほんのちょっとのことだけれどすごいことだと私は思う。

ねずみくんだって小さい体を使って、さいくんにはできないことができるかもしれない。私は、人とくらべてくやしいと思ってできるようにすることもすごいと思うけれど、自分しかできないことが絶対あるからそれを持っていると気づくこともすごいと思う。

②　学生の手紙　「自分だけにできること」を書いたあなたへ

私も「自分しかできないことに気づく」ことはすごいと思いました。そして今、自分ができることって何だろうかと考えているところです。

私は大学生ですが、卒業したら社会へ出て仕事をしていくわけです。その時まであとわずか。最近になってやっと自分の良さを探し始め、本当にやりたいことを見つけ出しつつあります。そんな中、思うことは「もっと早く自分しかできないことや自分の長所は何なのか考えておけばよかった」ということ。

私は今まで、自分の短所ばかりに気をとられ、長所を探すことをしていなかったように思えます。あなたにはこれから自分の長所をみつけたり、また努力したりして特技をつくり、将来にそなえてほしいと思います。

③　学生の手紙　「自分だけにできること」を書いたあなたへ

私もあなたと同じ年頃だったら、同じような内容の感想文を書いたと思います。今もその頃も自分にはなく他の人にはあるものを羨ましいと感じることは変わらないけれど、今はただ羨ましいと思うのではなくて、自分も自分なりにそうなれるように変わっていけばいいのだと思えるようになったことです。以前はただただ羨ましいと思うだけで何もせず、変わらない自分にがっかりしていました。今考えると、いかにも子どもっぽい自分で何となく可愛くも思えるのですが…。あなたと私とで違うのは、あなたの最後の一文です。

私はこのことに気づくのにもう少し時間がかかりました。気づくことができているあなたはすごいな、いいものを持っているなと思いました。

④　学生の手紙　「自分だけにできること」を書いた君へ

自分ができないことを他の人がしていたら、誰だって羨ましく「あんなことができたらいいな」とか「あの人のようになりたいな」とか思うはず。あしかくんが自分の得意なことを言えたのは自分のことが良くわかっているからなんじゃないかな？

君が考えたように、ねずみくんにも得意なこと、ねずみくんにしかできないことがきっとあるよね。それに気づくのは難しいことだと思うし、時間がかかるかもしれない。絶対に自分しかできないことを見つけられることは、とってもすごいことだよ。そんなすごいことを簡単に見つけることはできないかもしれないけれど、それがあるとまず信じることが第一歩なんじゃないかな。

⑤　学生の手紙　「自分だけにできること」を書いたあなたへ

自分に自信をもてることがすごいことだと気づいたあなたも素晴らしいです。

自分にしかないもの、自分にしかできないこと、あなたにはどんなことがありますか。

私はすぐに泣いてしまいます。くやしい時、うれしい時、感動した時、悲しい時、そんな時言葉にならず涙がどんどんでてきます。そんな自分のことを弱いと思っていました。けれどそれは違っていると気づきました。というより気づかされました。小学校の時、何かのビデオを見て感想を言わなければならなかった時、他の友だちは自分の思ったことをすらすら伝えられるのだけれど私は胸がいっぱいで涙しか出ませんでした。その時先生は私のことを誰よりも感受性が豊かだとほめてくれました。それからはそんな自分も好きになれましたよ。

自分にしかないものを見つけると自分のことがもっと好きになれますよ。そして相手のこともをもっと好きになれますよ。

3

生徒の感想文「よかったね　ねずみくん！」

私は、あしかくんがやってきたときの場面が気に入りました。なぜかというと、他の動物たちは、ねずみくんのことを知らん振りして自分のりんごしか取らないし、あしかくんみたいに声をかけてもやらない。そういう自分だけのことしか考えないのはだめな動物です。

他の動物のことも考えるあしかくんがいたから、ねずみくんも念願のりんごが食べられたのだと思います。でも、ねずみくんも、あしかくんのまえに来た動物に「ぼくのも取って」と言ってもいいと思います。

⑥

学生の手紙「よかったね　ねずみくん！」を書いた君へ

あなたが書いた感想文で、あなたはあしかくん以外の動物がねずみくんに声もかけてあげないことをとても気にしていましたよね。

私は正直、そんなことを気にしなかったんです。全くもって。あなたが持っている気持ちみたいなものを私はどこかに落としてきた……。なにか今はそういうものと遥かな距離を置いているように感じます。

あなたの書いたことに影響を受けます。

⑦

学生の手紙「よかったね　ねずみくん！」を書いた君へ

あしかくんがやってきたときの場面が気に入ったんだね。そうだね。ぼくも知らない人たちがいっぱいいる所に行ってってね、その中を歩くのは寂しいな。自分から声かけるのも…できないなあ。でもね、努力はしてんだよ。話しかけるチャンスをねらってる。みんな気づいていないんだよね、ぼくが一人ぼっちだってことにね。

そんな時、あしかくんみたいな人があらわれてくれたらいいなあ。きっと心の重しが取れて明るい気持ちになるだろうなあ。

ぼくは普段はあしかくんの役回りによくなるんだ。でもねずみくんみたいな所もあるんだよ。悩んで悲しくて心に重しばかりためこんで、そのくせ自分から解決しようとできない……あしかくん来ないかな……。

人は、あしかくんになるときもあり、ねずみくんになるときもあるんだなと思ったよ。

⑧　学生の手紙　「よかったね　ねずみくん！」を書いた君へ

あなたの感想の最後に書かれていた「ねずみくんも他の動物に『ぼくのも取って』といってもいいと思う」にまったくそうだと共感しました。あしかくん以外の動物はもしかしたらねずみくんがりんごを欲しがっていることに気づいていなかったのかもしれなせん。願望や思いは自分の心の中で思っているだけではなかなか他の人には伝わらないもんね。あなたはきっと、自分の思っていることをはっきりと口に出して他の人に伝えることのできる人なのでしょうね。素晴らしいことだと思います。

4　生徒の感想文「ねずみくんとあしかくん」

私は、『りんごがたべたい　ねずみくん』の中で、あしかくんが「ねずみくん　いったい　どうしたの？」とたずねる場面が一番好きです。なぜかというと、困っているねずみくんを助けにきたところだからです。

それまではねずみくんに「どうしたの？」と聞く人なんていなかったのに、あしかくんだけがねずみくんの悩みを聞こうとしていたのが印象的でした。私が大人になったら、子どもたちにもこれをすすめようと思います。

⑨　学生の手紙　「ねずみくんとあしかくん」を書いた君へ

私はあなたの文が大好きです。すごくあたたかい、思いやりのある文だと思いました。私も人が困っているとき、悩んでいるとき、「どうしたの」と聞いてあげることはとても大切なことだと思います。

一人で解決できなかったことが二人になったとき、初めてできることもあると思います。たとえ二人でできなくても「どうしたの」と声をかけてくれただけで、一緒に考えただけで何か得るものがあると思います。二人でなくても、三人、四人と「どうしたの」と声をかけてくれるともっといいですね。人の輪はそうやって広がっていくのだと思います。

「どうしたの」という言葉ってすばらしい言葉ですね。ありがとう。

⑩　学生の手紙　「ねずみくんとあしかくん」を書いたあなたへ

このような見方ができるあなたを素敵だと思いました。私はもう一般的な当り障りのない答というのを見極める術を身につけてしまって、この物語の中心が「ねずみくんが自分の力ではリンゴを取れなくて、最後にはあしかくんと協力して取れた」ということだというおそらく一般的なところにしか目を向けられませんでした。あしかくんだけが助けたというところも同じように重要なのにね。あなたの心がきれいだから、こんな美しい見方ができるんでしょうね。とてもうらやましく思えました。あなたの美しい目と、美しい心を大切にして下さい。

〈生徒が注目した内容を現実化し焦点化する読みについて〉

生徒が注目した価値的な内容を、より高次なものに、より現実的なものにして生徒に返している。生徒が注目した価値的な内容を補充し深化し統合している。そのうえ生徒のよさをしっかり受け入れようとする学びの姿勢があり、実際にこのような手紙を受け取ることができたら、生徒はどんなに感動しどんなに成長することができるであろう。これを書いた大学生たちの知性と感性と徳性を感じる。

「読み合う活動」における生徒たちの社会的相互作用も、友だちが表出したものをもとに自分の見方や考え方を自分で補充し深化し統合することを期待した活動であるが、年代の異なるものによる手紙文はより高次な補充と深化と統合が行われている。

例えば、生徒の「人とくらべてくやしいと思ってできるようにすることもすごいと思うけれど、自分しかできないことが絶対あるからそれを持っていると気づくこともすごいと思う」について、このことにやっと気づきかけた自分を語るもの、自分しかできないものに気づくのは簡単ではないことを語るもの、自分しかできないものがあると信じることが第一歩であると語るもの、それに気づかされて自分自身も好きになれたと語るものなど、体験をもとに誠実に応えている。

書く活動は、書いたものを生徒たちにどのように読ませるか、教師はどのように読むかにかかっている。このように生徒の内容を現実化し焦点化しながら読むことによって、その内容が補充され深化され統合されるのだと思う。それによって生徒の価値意識を育てることができるとともに、教師もまた成長させられるのだと思う。

2 『一冊のノート』の感想文を読んで感想を語る

『りんごがたべたい　ねずみくん』の感想文に手紙を書いてもらった学生とは別の学生百人に、『一冊のノート』の授業で「読み合う活動」のために選んだ一〇例の生徒の感想文を読んでもらった。自由に感想を書いてもらったが、道徳教育のあり方について学習している学生なので、指導的な観点が入っているのもあるようだ。

1　自分自身の問題を語る

どちらかというと外向きの学生生活を送っている学生にとって、突然示された内向き視点の問題である。最近意識することもなかった身近な家族の問題を、生徒の感想文に触発されて新鮮な目で見直している。

①「すばらしい授業　懐かしい祖母」

事例を読んで、子どもは純粋に物事を受けとめていることがよく理解できた。そういうことを踏まえて、道徳とは子どもの成長にとって不可欠なものだと感じた。主人公の気持ちを重視して祖母を批判するものもいれば、祖母を重視して主人公を批判する意見もあった。また、自分の祖母の話をもとに意見を述べるものもいた。道徳はいろんな方面から物事を考えられるすばらしい授業だと思う。

自分の祖母もボケて死んだ。ぼくにやさしさをくれ大きく包んでくれたのは祖母であった。祖母が亡くなったときぼくは涙が止まらなかった。ぼくは祖母のことがすごく好きだったからだ。ぼくは今年で二〇歳になった。この年で恥ずかしいが、ぼくは祖母の指輪をネックレスに通して首にぶらさげている。この指輪は祖母の形見だ。今日の講義で祖母に対する懐かしい気持ちを思い出した。自分の思い出を掘り起すことができるのも道徳の時間なのだ。

②「離れて初めて気付くこと」

この『一冊のノート』を読んで涙が出るくらい感動した。生徒が書いた感想文の中で、私が一番印象に残ったのは、事例４の「おばあちゃん、ありがとう」という文章です。私もこれを書いた生徒と同じように、本当は感謝の気持ちを持っていてもなかなか素直に「ありがとう」と言うことができませんでした。

しかし、久しぶりにふるさとに帰ったとき、「和顔愛語」でいつも私を迎えてくれる父母や祖父母に対して、私は何の抵抗もなく感謝の言葉を素直に口にすることができるようになっていました。親元にいたときは気付かなかった家族のありがたさが離れてようやく分かったのです。私もふるさとに帰ったときは、和顔愛語で祖父母に会いに行きたいと思います。

③「忘れてしまった感情」

「ありがとう」と言いたくても恥ずかしくて言えないというのはよく分かります。この恥ずかしさは幼い時だけの感情で大きくなれば薄れるのだと思っていましたが、そうでないことに最近気付きました。二〇歳になった今もやはり恥ずかしいもので、なかなか素直になれないことが多くなったと感じます。しかも、感謝の気持ちを言えなかった理由を自分にではなく、他の人やそのときの状況の所為にして、自分の行動を正当化するようになってきていることにも気付かされました。

身近な人であればあるほど感謝すべきことがたくさんあるのに、何をされても感謝するという感情を忘れがちになってしまっています。ただ一言、素直にこの言葉が言えるようになれば、優しい心になれるような気がします。

2　二〇歳の価値意識をもとにした読み

生徒たちの「かわいそう」「ありがとう」「仲良くしたい」という言葉や表現にこだわる学生も多い。自分と祖父母や父母や家族の関係は、もっと対等な関係でありたいし、あるべきだと考えている。二〇歳の青年の価値意識である。「対等であるべきだ」という視点を授業計画でどのように扱うかは別の問題であるが、教師もまた自らの価値意識をもとにして、生徒とすこし離れたところから感想文を読むことが大切である。

④「対等な立場で付き合いたい」

事例10の作文で、「おじいちゃんは私のために汗をびっしょりかいてまでドングリや花やイチゴを採ってくれます」というところを読んで、こんなことを言えるのはわりと小さい子どもだけだなあと思った。

私は今二〇歳だけど、この年になると祖父も祖母もある程度私に気を遣って、昔ほど目に見えて可愛がられることはない。私もそんな二人にいつまでも甘えていられる立場ではないので、この事例10の生徒のように素直に何でもありがとうとは言えない。今が一番祖父母に対してどう接していいのか分からない。私の四人の祖父母たちはみんなかなりしっかりした人なので、「かわいそう」とかとても思えるような人ではなく、むしろ老人扱いする方が私には失礼に思える。

目に見えた優しさで接するほど祖父母を軽い存在には思っていないし、だからこそ、どういうふうに接したらいいのか分からない。ただ今わかるのは、祖父母がなくなったときに、今のような中途半端な立場を続けていたらきっと後悔するだろうということだ。

⑤「優しさと同情は紙一重」

中学生が書いた事例を読んで最初に感じたことは、中学生でもしっかりした文を書いているなあと感心しました。自分の祖父母について書いたり、資料の内容について書いたりと様々ですが、本当に的を得ていると思います。

しかし、私が中学生に言いたいことは、お年寄りだからと同情するのは少し間違っているということです。

事例7の生徒は、自分が七〇歳になるおばあちゃんに激しく反抗するので「かわいそう」なのではなく、相手が誰であれ激しく反抗するのは相手を不快にさせるということに気付いて欲しいのです。お年寄は我々若者より積極的で気持ちも若々しいところがたくさんあります。そういうところを理解した上で、お年寄りだからというのではなく、他の人々と同じようにやさしく接することが重要だと思います。

⑥「上からの視点」

今回は孫と祖母の話だったが、感想文をすべて読んでみると、ほとんどの場合が結局は「おばあちゃんがかわいそう」「仲良くしていきたい」というような、ある意味の同情心が全面に出ていた。このような感情が悪いとは思わないが、そのような同情心に私は悲しくなった。祖母は弱者で自分たちは強者とまでは言わないが、祖母たちよりも上の立場からこの話を見ているように思えるのだ。「……してあげたい」などの表現はその表れではないだろうか。

3　生徒の感想を批判的に読む

生徒の対応を、現実はもっと厳しいのに建前だけを書かれていると考えて、そういうことを容認していそうな道徳指導を否定したり、ただちに生徒指導をしなければならないと考えている。よい意味の正義感と自分の価値意識を絶対のものとして判断する青年期の特徴がでているように思う。道徳の授業を誤解しているところもあるので、学生の事例のあとにこのことについて再度取り上げたい。

⑦「現実は厳しい」

事例1を読んで、この生徒はあまり考えていないのではないかと思った。まだまだ経験したことがないからかもしれないが、少し言い過ぎかもしれないが、現実にはそれほどきれいごとは通用しないことが出てくる。

私の祖父は二人とも私が生まれる前に他界しており、祖母も母方の方しかいない。現在実家では祖母と同居しているが、私が実家にいるときは祖母を相当嫌っていた。資料のように道であっても無視したこともある。私の祖母はまだボケてはいないが物忘れや耳が遠いのはもちろんある。私はこっちで一人暮らしを始めてからだいぶん祖母に対する考えを改めたが、それでも電話で言い争うこともときどきはある。

私の祖母は昔教師であったせいかとても細かいことまで口うるさく言う。そして口癖は「いい高校や大学に行って一流企業へ」だ。そんな祖母にうんざりして反抗する反面、自分を思ってくれるんだと感謝もする。うちは母子家庭のため経済面で祖母に頼むことが多い。最近そういうときしか電話していないが、今日は電話しようかなと思った。

⑧

「正直に」

どのような生徒たちか知らないけれど、本心を書いているのか、大人に受けることを書いたのか。ひどいには事例の1、2だ。もしも自分は主人公の「ぼく」とは違うと本気で思っているのなら、それは自分が人間として優れていると思っていることじゃないかな。私はそういうのは嫌いです。もしも、大人受けがいいように書こうと思って書いたのだったら、こういう文を書いたことをまわりの大人がなにも言わなかったとしたらどうかと思う。一度、この文を書いた生徒と話し合ったほうがいい。

私の一人よがりであればいいが……。なにかの感想を書くときは、結構正直に書くものだと思っている。すべての人間がそうだともいえないが、そういう人がいることも確かだ。正直になってほしい。

⑨

「偽善としか見えない感想について」

「悲しくなりました」「祖母の気持ちがよくわかる」と書いてあるが本当にそのように思っているのか疑問である。生徒の中には本当にそのように思っているかもしれないがぼくにはそうは思えない。

自分の祖父は病院に入院していたが、そのときの母の苦労は忘れられない。看病して看病して母はノイローゼ気味になっていた。そのようなときにこの資料のような「ノート」が出てきたとしても、祖父を受け入れることは出来ないと思う。生徒の感想文の祖父母は孫に対して何かをしてあげているが、ぼくが思うには祖父母はあまりでしゃばらないことが、家族にとって一番いいことではないかと思う。

もしぼくが授業をするならば、「寝たっきりの祖父母を看病する父母を見てどう思うか」についてやりたいと思う。そのとき、この生徒たちは本当に今のような考えが持てるのだろうか。

4　生徒が着目した内容に共感して読む

生徒のどのような「よさ」に着目するかは、教育観や価値意識にもよるが二〇歳には二〇歳の見方があるのだろう。同じところに注目している二つの事例を紹介しよう。

⑩「事例9を読んで」

事例9を読んで微妙に感動しました。母方の祖父や祖母の顔も名前も知らない立場にいるのに、父方の祖父母について自分なりに一生懸命に書いているように思えた。最後まで読む間に自分の祖父母について考えさせられました。まだ元気にしていますが、いずれ病気や寿命で死んでしまいます。ぼくは、祖父母の顔も名前も知っているだけ、事例9を書いた生徒よりも恵まれているはずだと思います。

なにより一番心を打たれたのは、文の最後に「お父さんの方のおばあちゃんの名前しか知らないけれど書いておきます。おばあちゃんの名前はフサヨといいます」というところを読んだときでした。この生徒になにか話しかけてやりたいと思いました。

⑪「中学生の感想を読んで」

中学生の感想は、自分自身の祖父母と本文の内容を照らし合わせながら、どのように思っているかを述べているものが多い。そうやって考えることが、自分の祖父母に対する行動の反省や日頃の考えを自覚し直しているのかもしれない。このようにして祖父母への想いを深めるのが、この授業の目的の一つかもしれない。

事例9について、私は非常に心を打たれた。本当に顔も知らない祖母に対して、多くの子どもはあまり興味を抱かないものだろうが、この生徒はその祖母の名前を感想文に堂々と書いた。この生徒は非常に心優しくて、顔も知らない祖母のことを大切に思っていることがとてもよく伝わってきた。親にさえ孝行の気持ちが薄れつつある中で、このような気持ちを持っている子どもがいることはとても嬉しい。

5　道徳的価値の形成に関わる読み

次の「ありのままを」のように解釈することはすばらしいと思う。新しい見方や考え方を獲得するときの破壊と創造を想定するところは、道徳教育をしようとする教師だからできる考察である。道徳的価値の形成に関わることに注目するような姿勢ができると授業展開も楽しくなるだろう。

⑫「ありのままを」

ノートを見るまでのぼくにとって、おばあちゃんは、見栄えのいい、なんでもしてくれる、理想のおばあちゃんでなければならなかったのではないだろうか。それだから、記憶が弱ったり人とは違う格好や行動をとるおばあちゃんを遠ざけていたと思います。それが、おばあちゃんのノートを見たことで、ぼくの中の何かが壊れて、おばあちゃんの存在やおばあちゃんの価値に変化が生まれたのだと思います。おばあちゃんの今のありのままを受け入れようと思ったのだと思います。自分の中にあった無意識な思い込みを壊すことによって、新しい行動が生まれるのだと思います。

⑬「私が考える道徳授業の姿」

私が事例1と2を読んで思ったことは、この生徒たちは本当におばあちゃんをありのままに受け入れることができるのだろうかということです。おばあちゃんのことを恥だと思ってはいけないこととか無視することは本当にいけないことだと思います。しかし、実際こういう態度をとらないではいられないようなことがあるのではないかと疑問に思いました。

でも、事例1から事例10までのすべての文章を読んで見ると、自分と祖父母の今までの関係について考えることができました。このような関係について考えている文章が多いので、これは道徳の授業としてはすばらしいと思います。私が考える道徳の授業は、自分の思っていることが自然に引き出され、いい方に向かっていけるような働きがあるのだと思います。

〈自分自身の切実な課題を呼び起こしながら読むことについて〉

学生は、若者らしい鋭さと感性を発揮して読んでいる。生徒の感想文の内容がかれら自身の問題と微妙に繋がっていたからかもしれない。祖父母や父母とどのような関係を保つかは、高校生のときには意識しなかった二〇歳の課題であろう。意識しなかった足元の課題に気付いたのではないだろうか。そう思えるほどかれらの反応は、個人的で具体的で感動させられた。いかに生きていくべきかという課題は青年期だけのものではない。祖父母や父母や家族の問題にしても、それぞれの年代によって課題内容は異なるだろうが家族一人ひとりの切実な課題である。私たち教師もまた若者のように自分自身の切実な課題を呼び起こしながら、生徒の感想文を読むべきだろう。

〈現実はもっと厳しいと生徒の感想文を批判的に読むことについて〉

実際の感想文には、ときには否定しなければならないものもでてくる。しかし生徒の1から10の感想文で早急に指導しなければならないものはないと考えている。学生と教師のこの判断の違いについて考えてみたい。これは、道徳授業の根本に関わる問題でもあるからである。

学生は生徒のこの感想文の内容だけで完結したものを期待し過ぎているのだと思う。だから、生徒の不十分なところに鋭く反応したのだと思う。道徳の授業を継続していない教師も同じような焦りと心配をするようだ。このことを私はつぎのように考えている。

道徳の授業は教科の授業のように時間ごとに完結しなければならない授業ではないのだ。

道徳の授業は、生徒の誤答をその時間内で確実に訂正しなければならないような教科の学習でもないし、生徒の問題行動を直ちに制止しなければならないような生徒指導でもない。さらに、生徒の一つひとつの学習内容を積み上げていかなければ完成しないような系統的なものでもない。その時間の目標は焦点化されているけれど、その達成度は個々の生徒によって異なることを認めねばならない授業なのである。

道徳的価値に接近する段階や方法ついては評価はできないのだ。

道徳的価値の内容や個々の生徒の発達段階によって、どのように接近するかは個々の生徒によって異なる。生徒をゆっくりではあるが確実に成長していく存在として見守り、その時々の反応に性急な修正を加えない方が発達を阻害しないのではないだろうか。未完な部分についてはその時間内で異なる情報を与えたりする配慮も必要であるが、放置することなく年間計画の中で対応できるのだと考えている。

たとえそれが「よい子発言」だとしても、それを否定することはできないのだ。

大人に迎合する「よい子発言」が横行しているとしたら、そのような授業を仕組んだ教師に責任があるのであって、生徒にはまったく責任はない。たとえ若干のよい子発言があったとしても、その内容のすべてがよい子発言ではないのであって生徒の本心も入っていることが多い。さらに、これはとっても重要なことであるが、生徒たちの純真無垢な心のほうが教師である私たちより進んでいることもある。大人による極端なマイナス面の強調は、道徳的価値と人間との真実な関係を見失わせる恐れがある。教師は原則として生徒のすべてを受け入れることが基本ではないだろうか。

第四章　課題文による道徳授業の展開

はじめに

感想文には、生徒がとらわれない心で自由に感じたり考えたりしたことが記述されている。感想文による道徳授業の展開には、その内容をもとに道徳の授業を構成するよさがあった。しかし、自由に感じたり考えたりした内容だけでは授業が構成できないようなことも多い。

このような感想文の限界を補うために、再度、新しい状況把握や状況分析に取り組ませるための課題を生徒に与えるのである。その課題は、生徒たちが自由に選択していた考察内容を共通なものにしたり、焦点化したり、考察の視点を転換させたりするものである。このような課題をもとに生徒が取り組んだ状況把握を「課題文」として、感想文と同じように授業展開を行うのである。

課題の設定はあらかじめ予測されているときもあるし、全く予測していないで急遽設定しなければならないときもある。急遽設定する場合は、生徒の感想文の内容が予定していた授業のねらいから大きく外れているときである。生徒の感想文が多様であることは期待し予測もしているのであるが、授業のねらいから外れていては意味がない。

課題を設定するかどうか、どのような内容にするかという教師の活動は、次の道徳授業までの一週間をかけて、たくさんの感想文を分析することによって決める。

感想文という初発の生徒の反応をもとにするやや生徒まかせの授業展開に対して、課題を設定して展開する授業は、教師による意図的で計画的なそれでいて修正可能な展開ができるのである。場合によっては課題を二度も設定することもあり、感想文を省略して最初から課題を与えることもあるように、いろいろな組み合わせが可能である。課題という新しい負荷がかかっているだけに、教師も生徒も苦しいけれど、いままでにないものを見付けることができる実りのある授業になる。

第一節　『登山靴』――よりよい社会の実現

1　資料解説

夏休みに大学生の甥たちと北アルプスの槍ヶ岳に登りました。

一日目は上高地から槍沢、二日目は槍沢を早朝五時に出発し一一時三〇分に槍ヶ岳に到着しました。槍ヶ岳の頂上を人間の頭にたとえると、人間の肩のところに山小屋があります。「肩の小屋」と呼ばれています。私たちも「肩の小屋」で休憩したあと、槍ヶ岳の頂上をめざしました。槍の穂先のように鋭くとがった頂上は、快晴で三六〇度の眺めでした。

今日はここに泊まります。夕日を見ようと山小屋を出ようとしたときです。山小屋の入口に脱いだままにしていた靴がないというのです。私もそこまでは注意できませんでした。やっと登ることができた満足感と疲労で自分の靴を部屋に持っていくのがやっとだったからです。

入口には、一〇足くらいの靴が脱がれたままになっています。甥の登山靴は流行の靴のようで、同じような靴がたくさんあります。中には小さな荷札のようなものをつけた靴もあって、間違えられないような工夫をしたものもありました。甥の靴は新しく買ったばかりで名前も印もつけていなかったそうです。だれかが自分の靴と間違えて部屋に持っていったのだろうということになりました。甥が靴を脱いだところに、履き慣れた同じような靴もありました。甥は間違えられたのだと言って、さっそく、山小屋の人に放送を頼みに行きました。

それにしても快晴の日曜日。自分の荷物の整理をしたり体調をととのえるためにじっと目をつむって休んでいたり、それぞれが自分のことに集中しています。だれも放送に注意するようなゆとりは感じられません。

夜の九時になりますと、山小屋も消灯です。山小屋は静かなときをむかえました。登山靴はでてきません。入口のかすかな灯りの中で、あの古い登山靴が一足だけぽつんと残されていました。この靴をどうしょうかということになりました。山小屋の人に保管してもらおうとか、この靴の中に手紙を入れておこうかと話し合ったのですが、甥はこの靴を動かしてもいけない、触ってもいけないと主張するのです。この靴の持ち主が自分の靴を間違えたのかどうかもわからないし、そうであっても他人のものを勝手に扱ってはいけないというのです。いやにきっぱりというのです。

私は心の中でつぶやきました。「あなたはいつもそうだった。他の人にはやさしいし、それはいかにも正しいことではあるけれど、それではあなたはどうするの。どうして山をおりるの。そのうえ二万円もした靴をどうしてくれるの」と。

入口の古い靴は、ぽつんと置かれたままでした。横幅も広くなっていて、いかにも履き慣れた靴です。ちょっとおもしろい表情をした靴です。どんな人が履いているのだろう……。

翌日、早朝の出発を遅らせて朝食をしていたときです。放送が甥の名前を呼ぶのです。入れ替わった靴が帰ってきたのです。一晩中、入口にぽつんと置かれた靴ももとのご主人のところに帰ることができたのです。

私にとっても、甥にとってもあぶないところだったとつくづく思いました。あの靴を動かさなくてよかった。二日をかけて登ったところを帰りは一日でおりました。なにがあぶなかったかを明らかにしないまま、みんなで元気に山をくだりました。山で出会った人たちは、自分の足で三千メートルを登ってきた人たちでした。

（出　典　自作資料）

この資料は、靴の始末が出来なかったこととそのあとの対応について、当事者とその周辺にいた人々の行動が、当事者の一人である大人の視点で語られている。生徒たちは、これを語っている大人の視点のままに読むことはないだろうが、この資料に提起されている道徳的価値に関わることにどのくらい気付くことができるだろうか。

生徒たちにとっては、自分たちが日頃から指導されている整理整頓の問題であるが、彼らは残された一足の靴を動かすかどうかという選択の場面における当事者を含めた周囲の人々の行動や気持ちにどのくらい注目できるのだろうか。

この資料は、大人の視点からとらえると、道徳的価値に関わる「危ない」場面がいくつか含まれている。彼だけでなくそこにいた人々の今後に大きな影響を与えかねない「危ない」場面なのである。

現実には靴が出てきたことで「危ない」場面は回避できたのであるが、当事者の大人はこのことを本当に危ない場面だったと考えるのである。生徒たちはこのことにどのくらい注目することができるだろうか。中学一年生の価値意識や現状認識能力を知る手がかりにもなるところである。

これは、自作資料で、この夏の槍ヶ岳での私の実体験である。感想文とそれに続く課題文が済んだところで、これがこの夏休みの私自身の体験だったことを知らせる。生徒たちは、槍ヶ岳はどんな山なのか、自分たちでも登れるのか、甥はどこの大学にいっているかなどといろいろな興味を示す。このときのパネルにした山の写真も紹介する。教師の体験資料も、時には生徒の関心を呼ぶ。

2　現実対応から価値的視点へ転換を図る課題

①　現実対応に集中した状況把握

生徒たちの感想文は、つぎのように「彼」の靴の整理整頓に集中する。

「ぼくは、彼が悪いと思う。だって、山登りで疲れていたとはいえ、彼は好きで山に登っているのだから、自分のことは自分でして当たり前なのだ。彼はもっと自分のことは自分でしてほしい。それと彼のいいことは、人にやさしいことだ。だから自己管理をきちんとしてほしい」

生徒たちはこのように自分の身近な課題をもとに状況分析をする。

「自己管理ができていない」という言葉が何人もの感想文に出てきて驚かされる。生徒たちは校内服を下校のときに整理して各自のボックスに入れて帰るようにしている。この校内服の整理についてどの学級も担任から注意されることが多いのだが、この学級は全校でも校内服の整理が一番よいとして表彰されたこともある学級である。学級担任から日頃注意を受けている「自己管理」という言葉をそのまま使ったところや、この問題では自分たちはよくわかっていると思って一斉に判断したところが微笑ましい。

生徒たちは、靴や傘が間違えられたら返ってこないという現実を体験しているのだろうか。それともそのように思い込まされているのだろうか。

靴がなくなっても返ってこなかった体験、傘がいつのまにかなくなっている現実、靴がなくなったときや自転車が盗まれたときに大人が子どもに与える叱責等は、靴がなくならないようにいかに用心するかという問題に生徒たちを集中させたのではないだろうか。容易に物を手に入れることができること、それに比例するように物を大切にしない子どもたち、その結果として物がしばしば盗まれること、そのときの場当たり的な大人の指導が、生徒たちのこのような状況分析をさせたのではないかと思う。

②　見えていないドラマを予想する課題

私たちは目前の具体的な現象にだけ心を動かされて、その現象のまわりにあるいくつかの心の葛藤を見過ごしてしまうことがある。よりよく生きることは、具体的には見えない状況を把握しそれに対応することではないだろうか。とくに、道徳的価値に関わる視点でその状況を把握しそれに対応することではないだろうか。

ここで取り上げられる道徳的価値の内容も大切ではあるが、生徒たちが表面に出ていない心のドラマに気付く力を育てることをさらに大切なものと考えている。

最近の中学生たちの痛ましい短絡的な行動に接するにつけ、もうすこし現状を冷静に把握することができたら解決の方法も見えただろうにと残念に思うことが多い。中学生にはいろいろな角度から現状を認識する能力を育てねばならない。それもどう行動することがよりよく生きることなのかという「生き方」に関わる視点で現状を認識する能力を育てねばならないのではないだろうか。

生徒の感想文には、靴を間違えられた本人やそこにいた人々について、「自分だったらどう判断しただろうか」、「どのような発言をしただろうか」、「靴が返らなかったらどうしただろうか」、「別の選択をしていたら、どうなっていたのだろうか」という考察もある。この中の一つの感想文をもとにして、つぎのような課題を与えるようにした。

課　題

自分の靴をきちんと管理し大切に扱うことは、いろいろなことと関連してくる重要な問題です。これからも自己管理をしっかりしましょう。

ところでこの資料にも今までの資料と同じようにドラマがありそうなのです。すべてうまくいったのでそのドラマがはっきり見えないだけなのだと思います。ここでそのドラマの内容を探そうと思います。次のような友だちの感想文は、そのようなドラマを探すヒントになると思います。

「北アルプスの高い山に登ることができた彼にとって、新品の登山靴がなくなったことは、精神的にも肉体的にもすごく苦痛だったと思う。新しい靴がちょっとした不注意でなくなったときの彼の気分はよくなかっただろう。そして、靴が見つかったときの彼はどんなにうれしかっただろうか。帰りの景色はかれにとってどんなに晴れ晴れとした景色だっただろうか。どれだけ透明な景色が彼の心の中に残ったのだろうか。一度彼に聞いてみたいものである」

この感想文にもドラマの内容は書かれていませんが、その中で「よりよい生き方に関するもの」「よかったと思われるもの」を探してみましょう。

3　生徒が把握した危機的状況

課題に対する生徒の考察の内容からわかることは、生徒は新しい視点をすこし示してやるだけで、いろいろな状況把握や状況分析ができることである。

生徒が表出した道徳的価値に関わる視点は生徒がすでに獲得していたものではあるが、最初の状況把握では活用されなかったのである。必要なときに必要な視点として日常的に活用されるものになっているかどうかが、その道徳的価値の内面化の程度を表すのであろう。

①　生徒の課題文の内容

生徒の新しい状況把握の内容を、靴をなくしたときの彼について、靴が返ってきたことについて、靴が返ってきたあとについて、課題文の抜粋で示そう。

1　靴をなくしたときの彼について

「あそこで靴を動かさないで本当に正解だったと思いました。それと、じっと待っていたところもすごいと思います。ぼくだったらとてもできないと思います。ただでさえ短気で、そのうえ靴がなくなって疲れているととても無理です」

「もし靴を動かしていたら、話がこじれていたと思います。しかし、靴をきちんと保管していれば、こんなに回りの人たちに迷惑をかけずにすむのだし、出発時間も遅らせなくてもすんだのだと思います」

「彼はじっと我慢していた。ぼくだったら、人に八つ当たりしていたと思う。彼はえらかったと思う」

「あきらめないで 最後の最後までねばったから見つかったと思う。それと、彼のいいところは古い靴に触れなかったことです。普通では彼には立場はないのだけれど、こういう判断はとてもよかったところです」

「靴の中に手紙を入れたりしてもし見つかったとしても、相手の気分は悪いと思います」

「僕も彼のように、他人のものを勝手に触れないように気をつけようと思います」

「ぼくは、彼にちょっとムカツキます。ぼくなら靴がなかったらいろんな人に聞きまくって靴を探し回るのに、彼は出てくるのがあたりまえのように落ち着いているからです。ぼくが側にいたら、『オイ、オイ、ちょっとはあせってさがせよ』と絶対に言います」

2　靴が返ってきたことについて

「彼にとってよかったことは、靴を間違えた人が正直に出てきてくれたことだと思います。それと、彼は他の人の靴に勝手に触れなかったこと、勝手に持っていかなかったことがすごいと思いました」

「もしも、その人が間違えたことを隠して、彼の靴を黙ってはいて帰ったら、彼は、あの靴を動かしたりした方がよかったのかと、すごく後悔すると思います。でも靴を間違えた人はちゃんと返してくれたので、彼はあの靴を触らなくてよかったと思ったのだと思います」

「靴を間違えた人がちゃんと返してくれて、本当にいい人だと思いました。彼はこの人を見て、とても喜んだと思います」

「登山靴も主人のもとに戻ってきて良かったです。一晩中ぽつんと置かれていた靴も、自分を使ってくれる人から置いていかれるとつらいと思います」

「靴も、三千メートルも登ったときにはいていた人にもどれてよかったと思います。そして、みんな、無事に下山できてよかったです」

3　靴が返ってきたあとについて

「なんだか安らぎがもどってきたような気持ち。とても気分が良くなり、山に登ってよかったという気持ち」

「オレの靴はここある。ありがとう。オレの靴を返してくれた人、それに神様、ありがとう。うれしくて体が浮かびそうだ。あの時、靴を動かさなくてよかった。予定を遅らせて待っていてよかった。今度は名前を書くぞ」

「出てきて当然の靴なのに、なぜか得したような気持ちになる。宝物が出てきたような気持ちになる。彼だけでなく放送してくれた人もおばさんもうれしかったと思う。靴が出てきたこと、それがうれしいのです」

「靴を間違えた人、靴をなくした彼、みんないい気持ちになったと思います。けれども、こんな偶然なことがあるんだなあと思いました」

「よかった！　これで自分の靴で下山できる。靴を間違えたおじさんがいい人でよかった。おじさん、ありがとう」

「みんなにもっと迷惑をかけなくてよかったという気持ち。たぶん彼はもう一度、おばさんと山を登りたいなあと思ったと思います」

「彼も古い靴の持ち主もいい気分のまま下山すると思う。彼のためにも、古い靴の持ち主にもよかったことだと思った」

「彼の判断が正しかったことが分かって、これからに希望がもてたのが、一番ラッキーだったと思う。こういうアクシデントがあった方が貴重な体験がもっと貴重になるのだと思う」

②　道徳的価値についての考察までには焦点化はしていない

課題をもとにして、よりよい生き方に関わる危機的な状況がいくつもあったにもかかわらず、主人公や周囲の人々の抑制された意思や行為によってそれを乗り越えることができたことに気付いたようだ。このように表面には表れていない価値に関わる状況を把握させることがこの課題のねらいであった。

このような危機的状況の把握や分析ができることは、それに関わっている道徳的価値についての分析や考察を伴うものであるが、今回はそこまでには至っていないようだ。「よいものさがし」に主眼をおいたため、そのときの状況を明らかにすることに全力を注いでいるようだ。また、生徒にとって身近な主人公についての危機的状況の把握はある程度できたが、主人公ではないが周囲の大人の「危ない」場面についてはほとんど考えていないようだ。心情理解ができるかどうかが、状況把握の基盤であろう。

この段階では、道徳的価値と関連づけることを焦らずに、多方面からの状況把握をさせることに専念した。

4　公徳心と社会連帯の自覚

『登山靴』という資料は、社会の秩序や規律を大切にしようとする主人公と、そのようなことがしばしば守れない現実を見ている周囲の大人の迷いを扱っている。その時の状況を把握させることに主眼をおいて、「社会の秩序や規律」とそれを支える「社会連帯の自覚」については補足する程度にとどめる。

①　整理整頓の根拠

生徒の最初の感想文には、間違えられても靴が返ってこなかった体験を語る生徒や、そのような経験から傘や持ち物がなくなっても初めからあきらめて捜さないという生徒がいて、自己防衛的な対処を力説する生徒が多かった。そのために整理整頓と自己管理を力説するのである。

生徒に自己管理の大切さを指導するにあたって、社会悪や人間悪に対応するためだけの自己管理でないものが要求されるのではないだろうか。家庭や学校や社会で限りある資源を大切にする教育と行為が確実に実践されることが大切である。「使い捨て」のような言葉や考えが生まれる日本の現状でそれを期待することは難しい。どのようなものもその用途に従って丁寧に製作されていること、そこで使われる地球の資源には限りがあること、それを求めるために支払った代価は父母の日々の労働によって得られたものであることを理解させて、どのようなものも大切に丁寧に使わなければならないことを教えなければならないのではないだろうか。このプロセスが省かれると、整理整頓は人間の性悪説に対応するものだけになってしまう。

②　社会の秩序や規律とそれを支える相互信頼

生徒の課題文には、「山小屋のひとに靴がなくなったことを届けた」、「放送してもらった」、「出発を遅らせて靴が出てくるのを待った」等の具体的な行動に注目している。これは間違えられたものは出てくると思っている主人公の他者への信頼にもとづいた行為であるが、そのようなことを表現までには至っていない。同じことが、「残った靴を動かさなかったこと」「間違えた靴を返しにいった大人」についても状況把握はできたが、そのときに守れた社会の秩序に関する表現までには至っていない。社会の秩序や規律とそれを支える相互信頼について、具体事例でその大切さを表現した段階である。危機的な場面に直面したときの人間の弱さを理解させながら、正義や信頼の大切さを学ばせることが必要であろう。この授業はこのような価値を意識させる一つの段階である。

5　授業「登山靴」の指導上の留意点

① 生徒の反応には理由がある

初めの生徒の反応が整理整頓ばかりだったので驚いてしまった。生徒が整理整頓を強調する理由がわかって納得した。生徒の反応を理解するには、生徒の学校生活の全体をよく観察しなければならないことがわかった。

② 生徒の反応に驚いて課題を設定する

感想文の集約の結果、急に課題を設定することにした。このままでは整理整頓の授業になってしまうと考えたからである。教師には見えている価値的な危機というものに生徒はまったく気付いていないのか、気付いていてもそれを取り上げなかったのかよく分からなかった。

③ 共感的な状況分析ができるような課題

『登山靴』の課題の中で使った生徒の感想文について触れておきたい。この生徒の姿勢は主人公の心情を共感的に理解しようとしている。そこには具体的な危機的状況については触れていないが、そのことを十分に予測しているように思われる。この生徒の心情理解と共感的な姿勢を参考にして、生徒たちに新しい状況把握に取り組ませることにした。共感的な状況把握は、新たな状況把握を生む有効な方法だと思う。

④ 価値的な視点による状況把握を大切にする

今回の課題文では、価値的な視点による状況把握がやっとできたところである。このような状況把握ができるようになることが大切ではあるが、場合によっては今回のような段階にとどめて性急な指導はしないことも大切である。

第二節　『木のいのち木のこころ』――生き方の探究

1　資料解説

木のいのち

木の命には二つありますのや。一つは命としての樹齢ですな。もう一つは木が用材として生かされてからの耐用年数ですわな。

五重塔の軒をみられたらわかりますけど、きちんと天に向かって一直線になっていますのや。千三百年たってもその姿に乱れがないのです。おんぼろになって建っているというんやないんですからな。

しかもこれらの千年を過ぎた木がまだ生きているんです。塔の瓦をはずして下の土を除きますと、しだいに屋根の反りが戻ってきますし、鉋をかければ今でも品のいい檜の香りがしますのや。これが檜の命の長さです。

こうした木ですから、この寿命をまっとうするだけ生かすのが大工の役目ですわ。千年の木やったら、少なくとも千年生きるようにせな、木に申し訳がたちませんわな。そのためには木をよくよく知らなりませんな。

これは大きな寺や伽藍だけの話やありませんで、民家でもそうです。屋根の柱でも六十年ほどの寿命がありまっしゃろ。それやったら六十年は持たせなあきませんわ。それを二十年ほどで壊して材を捨ててしまったんでは、日本に木がどんなによけいあっても足りませんがな。生きてきただけの耐用年数に木を生かして使うというのは、自然に対する義務でっせ。そうしたら木の資源がなくなることはありませんがな。木というものはそないもんですわ。

法隆寺の檜は千三百年ほどのところで伐った木が、その後千三百年をたっても材として生きて使われています。木の命と用材としての命を見極めて伐り出され、使われているんですな。

木のこころ

口伝に「堂塔建立の用材は木を買わず山を買え」というのがあります。それと「木は生育の方位のままに使え」というのがあります。

山の南側の木は細いが強い、北側の木は太いけれど柔らかい、陰で育った木は弱いというように生育の場所によって木にも性質があるんですな。山で木を見ながら、これはこういう木やからあそこを使おう、これは右に捻れているから左捻れのあるあの木と組み合わせたらいい、というようなことを山で見わけるんですな。これは棟梁の大事な仕事でした。今はこの仕事を材木屋まかせですわ。ですから木を材質で使うということはなかなか難しくなりましたな。

この口伝のもう一つの意味は、一つの山で生えた木をもって一つの塔を造れ、ということです。あちこちの山の、性質の異なる木をばらばらに買わず、自分で山へ行き、木を見てその山の木をうまく使って、一つの塔や堂を建てなさいというているんですな。

「木は生育の方位のままに使え」、この口伝には次のような文が続いていますのや。「東西南北は、その方位のままに、峠および中腹の木は構造材、谷の木は造作材に」

山ごと買った木をどう生かすかということです。その山の南に生えていた木は塔を建てるときに南側に使えというているんですな。同じように北の木は北に、西の木は西に、東の木は東に、育った木の方位のままに使えということですな。

このとおりに木を使うとどうなるといいましたら、南に育った木には枝がありますから、たくさん節ができますわ。ですから南の柱に節の多いものが並ぶことになりますな。

法隆寺の飛鳥建築でも薬師寺の白鳳建築でも、堂や塔の南正面にはこの口伝通りに節の多い木が使われていますわ。逆に北の柱にはほとんど節が見えませんな。薬師寺の東塔の南面の柱を見てみなはれ。「一間六節」という言葉通り一間の間に六個も七個も節がありまっせ。法隆寺の中門も同じですな。

こうした知恵が千三百年の命を持たせているんですな。私は昭和九(一九三四)年から二十年間にわたって法隆寺の解体修理をしました。創建以来初めての解体修理でした。その時室町時代に建てられた建造物もせなならんでしたよ。室町のものは六百年しかたってないんでっせ。それでも修理せなならんかったほど傷んでいたんですわ。

室町のものは節のない材を集めて丁寧に組んでありまっせ。それでも六百年しかもたなかったんです。口伝を忘れたからですな。節だらけの飛鳥の木の半分以下の耐用年数ですがな。口伝にはそれだけの意味がありますのや。

山の中腹以上峠までの木は構造材に使えというのは、ここらに育った木はたくさんの光を浴びてしっかり育っていますな。日当たりはいいんですが、風も当たる、嵐にもうたれる、雨にもたたかれる、中腹以上の木はこうした環境で育っているから木質が強く、癖もまた強いんですな。こうした癖があり、強い木は柱や桁、梁などの建物を支える骨組みになる部分に使いなさいと教えているんです。

谷は、水分も多く養分も十分にありますわ。こうしたところでは光も嵐もそんなに強くなく、木は素直に育ちます。こうして素直に育った木は、癖がない代わりに強さもそないにありませんから、長押や天井、化粧板なんぞの造作材に使えというんですな。昔の人は山の木をよく観察してまっせ。

木を生かす。無駄にしない。癖をいいほうに使いさえすれば建物は長持ちし、丈夫になるんです、私らは、そのために技術を伝え、口伝を教わってきたんですからな。もう少し長い目で見て、考えるということがなくてはあきませんな。

木は本来きちんと使い、きちんと植えさえすれば、ずっと使える資源なんでっせ。鉄や石油のように掘って使ってしまったらなくなるというもんやないんです。植えた木が育つまでもたせる、使い捨てにしないという考えが、ほんのこの間までありました。昔はおじいさんが家を建てたらそのときに木を植えましたな。この家は二百年は持つやろ、いま木を植えておいたら二百年後に家を建てるときに、ちょうどいいやろと言いましてな。

本来持っている木の性質を生かし、無駄なく使ってやる。これは当たり前のことです。この当たり前のことをしなくなったですな。

（出　典　副読本『中学生の道徳②自分を考える』暁教育図書株式会社、二〇〇一年。西岡常一著『木のいのち木のこころ 天』草思社、一九九三年）

生徒だけでなく一般人も、建築材としての木が実際にどのように扱われ、どうように使われているか知らない。一番大切なことでもあり興味もある建築の過程はブラックボックスのままで、出発点とゴールだけを見せられて納得しているようなものである。西岡さんは、このブラックボックスの中を少しだけ私たちに見せてくれる。「鉋をかければ今でも品のいい檜の香りがしますのや」、「千年の木やったら、少なくとも千年生きるようにせな、木に申し訳がたちませんわな」という木のいのち、「木は生育の方位のままに使え」にはじまる木の生かし方の話。西岡さんは私たちが考えもしなかった事実を語る。

生徒はこの資料から次の二つのことを学ぶのではないだろうか。

第一は、西岡さんが語る工人の技と知恵を理解することである。世界最古の木造建築として眺めていた法隆寺にこれほどの技と知恵が蓄積されていることに圧倒されるのである。現代科学万能の視点を転換させられるのである。私たちの価値観を揺さぶるほどの事実を知らされるのである。

第二は、このような技と知恵を受け継ぎ発展させてきた人々の営みに学ぶことである。このような人々の営みを、西岡さんの仕事の中から学びとることである。

生徒たちは、第一の内容に圧倒されて第二の内容までは行き着かないかもしれない。第二の内容については意図的な展開が必要だと考えて、最初から第二の内容に関する課題を用意することにした。

2　斑鳩大工　西岡常一さんに学ぶ課題

①　工人の技と知恵を理解する時間

一時間目は、西岡常一さんによって知らされた木のいのちや工人の知恵を理解し確認する時間である。本来の目的である二時間目の学習のためにも、一時間目の事実確認は必要である。西岡常一さんによって示される事実が科学的な根拠をもっていて生徒たちも十分に理解することができるのである。このことだけでも生徒の生き方に大きな影響を与えることができると思う。

②　西岡さんのすごさを表現する課題

生徒たちは、西岡さんが語る内容に感動しながら、次第にそのようなことを語る西岡さんに注目しはじめるのである。二時間目は、西岡常一さんそのものに着目させることにした。

生徒たちは西岡さんをすごい人だと思う。しかし、どこがどのようにすごいのかを簡単には表現できないし、その内容もまだ漠然としたままなのではないだろうか。このすごいと思われる内容をいままでの経験や知識をもとにして表現することによって、生徒の中によりよい生き方の指針が具体化してくるのではないだろうか。

課題は、西岡さんの仕事と現代科学技術の最先端にたずさわっている人々の仕事に共通するものがあると初めから結論を示して、それをもとにして西岡さんの凄さや厳しさを見つけさせ表現させるようにした。

現代科学技術の最先端にたずさわっている人々の仕事として取り上げたのは「宇宙ステーションの建設に取り組んでいる人々」「心臓移植に取り組んでいる人々」である。この人々の仕事は生徒たちにも想像できるであろうし、「命の大切さ」「未知なものに挑戦する怖さや勇気」「挑戦し続ける意志」などが想起できるのではないかと考えた。生徒がすでに獲得している「がんばる」とか「根性」といった言葉で西岡さんのすごさを表現させないようにしたのである。「がんばる」「根性」だけではない「生き方」の指針を生徒なりに表現させることによって、その生き方の意識化を目指した。

課　題

西岡さんのすごさは、いま世界の中で「宇宙ステーションの建設に取り組んでいる人々」「心臓移植に取り組んでいる人々」のすごさに共通しているところが多いと思う。同じように、宇宙ステーションの建設に取り組んでいる人々や心臓移植に取り組んでいる人々のすごさもまた、「西岡常一さん」のすごさと共通していると思う。このことをヒントに、西岡常一さんのすばらしさを見つけよう。

3　生徒が表現した西岡常一さんのすごさ

①　生徒の課題文の内容

西岡さんのすごさについて視点の当て方は生徒によってさまざまである。そのどれもなるほどと思われるものばかりである。そこですこしづつ内容に変化のあるものを一一事例を選んで、次の時間に読ませることにした。

1　「仕事へのこだわりと思い」

西岡さんは、自分がいまやっている仕事に、他の人より倍のこだわりと自分の意志をしっかり持って働いているのがすごいと思います。

私は、どんなことにでもすぐできてしまうようなことには、仕事に心がこもらないと思いました。西岡さんのように、法隆寺の解体修理に二〇年間もかかり細かい所までこだわって仕事をしていて、そのうえ、仕事を楽しんでいるような気もします。だからこそ、根気強く長い時間をかけて造りあげることができるのだと思いました。また、木に対する思いも持っているので、すばらしいものができるのだと思いました。

2　「一生懸命な人」

木に命があるのか、木に心があるのか、私はそんなものがあるわけがないと思っていました。でも、この本を読んで、木に命があることがわかりました。建て終わった木なのにまだ命があるというより、これから二番目の命が始まると言っているような気がします。そして、木がどんな場所に立っていたかで木の心がわかるのでしょう。西岡さんはそんなことを考えるとてもすばらしい人だと思いました。

もし、私が大工さんだったらそんなことは考えないと思う。木の気持ちなどどうでもよくて、ただ建てたらいいと思っているだろう。でもこの人はちゃんと木をみているのだ。最初から最後まで、自分の子どものように。だから木の命も木の心もわかるのだと思う。一生懸命な人だと思う。

3　「自分の仕事に対する思いがすごい」

ただ建物を修理するだけでなく、木を知り尽くしている。木や仕事が好きで自分がやっていることに誇りをもっている。西岡さんのいいところはここだと思う。仕事を楽しくやっているところや誰よりも法隆寺や木のことがわかっている人だと思う。これだけの才能があれば、他にもできることはたくさんあると思います。法隆寺の仕事だけでなくて、いろいろなことをしてどんどんお金をもうければいいのに、お金より仕事をとったのがすごいと思う。自分の仕事に対する思いがすごい。

4　「自分の職業に誇りを持てることがうらやましい」

私は、西岡常一さんが材木を使おうとするときに、木のことを詳しく知り、木のこころを考えようとすることに尊敬し感動しました。

普通は、木のこころなど考えたりしていないと思う。西岡常一さんは、木を思いやり木のこころを考えているので、人にはもっと優しいのではないかと思いました。そして、こんなに自分の職業に誇りを持っていることがとてもうらやましいです。私も、西岡常一さんのように優しく、自分の何かに誇りを持てるような人になりたいです。

5　「大切なのは理解すること」

私が西岡さんから学んだことは、自分の職業に関することをしっかり理解するということだ。西岡さんにとっては木である。

当たり前のことだけれど、とっても大切なことだと思う。西岡さんのようにしっかり理解しておかないと、本当の大工さんではないと思う。私は将来何になるのか決めていないけれど、西岡さんのように自分の職業に関することをしっかり学び理解していこうと思った。

6　「初歩の初歩」

私も、西岡さんのようにすればすごい人になれると思った。それは、初歩の初歩を学び直すことを知ったからだ。よく、野球の選手は打てなくなると「初心に返れ」と言う。西岡さんは、このことを自分でしっかりと実行したのだと思う。くぎの打ち方やのこぎりの使い方だけでなく、建てるのに必要な木のことをなによりも詳しく学んでいる。昔からの口伝をしっかり守って生かしていることだ。偉大な科学者だって昔につくられた結果をもとにして新しい発見をするわけだから。

大きなことに挑戦するときは、難しいところだけを学び直すのではなくて、最初の基礎を学び直すことがいい結果に結びつくのだと思う。スペースシャトルを作るときもきっとそうだったのではないだろうか。

7　「それに気付いた昔の人」

私は、これを読んで木も人間も同じだと思った。木は南や西の方位によって育ち方も違う。人間だって木のようにその人にふさわしい仕事がちゃんとある。このことは人間と木だけに限ったことではない。花でも紙でも同じだと思う。私はこの本を読んでもう一つのことに気付いた。それは口伝である。口伝はすごい。そして、口伝がすごいのだけれどもっとすごいのは、それに気付いた昔の人だ。西岡さんのすごいのは、この口伝を守り大工の仕事を誇りに思い、一生懸命にやっていることだ。私は、この人のような人が世の中にたくさんいたらいいなと思った。

8　「こころ」

ぼくは、西岡常一さんがよく法隆寺を建て直したと思います。西岡常一さんは法隆寺がとても好きだったのだと思います。西岡さんがこんなことをできるように努力したのは、法隆寺に対してとても良い心を持ち、建て直してきれいにしてやろうと思う心があるからできたのだと思います。西岡さんがこの法隆寺を建て直したのも、そのような心や気持ちがあったから二〇年もかけて建て直せたと思います。僕は西岡さんのこんな心や気持ちを大人になったらいつか活かしてみようと思います。

9　「西岡さんの責任感」

西岡さんは、たいしてもうからない仕事をしっかりやりとげている。これは西岡さんの仕事に対する思いや責任感あってのことだと思う。自分しか法隆寺を見守れる人はいないという責任感があったから今までやってこられたのだと思う。宇宙ステーションの建設にたずさわっている人々にも、心臓移植に取り組んでいる医師にも言えることだ。

宇宙ステーションの建設が進められている。これができるのも「NASA」などのような宇宙に関する会社に勤めている人たちが、宇宙をもっと知りたいと思っている人だからこそできたのだと思う。心臓移植チームにもいえることだ。心臓移植ができるのは自分しかないのだと思うことも、あきらめずに最後までやって手術を成功させようと思うのも責任感だ。ぼくは自分の興味や関心を大事にしながら責任感をもって仕事をしたい。

10　「西岡常一人間」

私は『木のいのち木のこころ』を読んで、「この人、おじいちゃん先生みたいな人だな」と思いました。言葉ではうまく言えないけれど、そんなエネルギーのようなものを私は感じた。私の中の「おじいちゃん先生」とは、強くなく、やさしくて、のほほんとしていて怖くない。でも、説得力が限りなくあって物知りな人だ。

そう、この西岡常一さんって人は、ぴったり、くっきり、しっかり「おじいちゃん先生」にあてはまる人なのだ。私は大人になったら「おじいちゃん先生」のような人になりたいと思っていた。そうだ！　私がめざすのは「西岡常一」なんだ。めざせ「西岡常一人間」！

11　「一番大切なもの　いのち」

何をするにも、外見ばかり気にしていたら、どれも中途半端で終わってしまう。昔の人は、外見をよくつくるかではなく、どれだけ木の命を長生きさせるか考えた。宇宙ステーションの建設もそうだ。ステーションのかっこうや宇宙服のデザインばかり気にしてもはじまらない。まず一番先に考えなければならないことは宇宙飛行士の安全だ。どちらも、「命」を一番大切にしている仕事である。僕も「命」を一番にものごとを考えたい。

②　友だちの課題文を読んだ感想

課題文を書いた次の時間に、1〜11の友だちの課題文を読み合った。そのあと、その中から一つを選んで自分の考えをまとめさせた。生徒たちはそれぞれに学んでいるように思う。

①　友だちの課題文「初歩の初歩」について

ぼくは「初歩の初歩」に感謝します。ぼくもこの意見に賛成します。

ぼくは小学生のとき、野球をやっていたけれども、ずっと打てないまま卒業してしまった。ぼくが打てないまま卒業した訳が、いまわかったような気がする。ぼくはいままで、初歩のところを学び返したことがなかった。だから打てなかったのだなと思います。

もしもこれからわからないようなことがあったら、この友だちの考えのように、もう一度最初から学び直すことがとても大切だということがわかりました。西岡さんとこの友だちはすごい人だと思います。「ぼくにとても大切なことを教えてくれて、ありがとうございました」と言いたい。

②　友だちの課題文「それに気付いた昔の人」について

私はこの友だちの「口伝」という言葉に注目した。もちろん、他の友だちも口伝について書いていた。でもこの友だちの「口伝がすごいのではなくて、それに気付いた人がすごい」に感動した。このことに気が付くなんて。どうしてこのことに気付いたのかとても知りたくなった。それと、誰が口伝のようなものを見つけたのかそのことも知りたくなった。

③　友だちの課題文「一生懸命な人」について

ぼくは一生懸命な人にいつも感動する。たとえ、自分がきつくても最後までやることに感動する。例えば、福智山に登ったときも、みんな一生懸命に登って行くのにぼくは感動させられた。

すごく大変なことでも、西岡さんのように楽しくやるのがいいと思う。たとえ、自分がつくったものを人がバカにしても、自分がいいと思えばそれでいいと思う。ぼくは、西岡さんのような生き方もいいなと思った。

④　友だちの課題文「大切なことは理解すること」について

この中の「私は、将来何になるか決めてないけれど、西岡さんのように自分の職業に関することをしっかり学び理解していこうと思った」というところを読んで感心してしまいました。私が書いていることとまったく違っているけれど、将来のことまで考えているのがすごいと思います。

自分の職業に関することをしっかり学び理解していくという考えは、私が将来何になっても大切にしていくべき考えだと思います。大変なことだろうけれども、この考えを大切にしていれば、その道のベテランになれるような気がします。

⑤　友だちの課題文「自分の職業に誇りを持てること」について

私はこの「自分の職業に誇りを持てること」を読んでみて、「ああ、そうだなあ」と思いました。「こんなに自分の職業に誇りを持っている人は少ないと思います。多分、現代人は自分の好きな職業につける人だけでなく、好きな職業につけない人もいるのではないかと思います。好きな職業につければ誇りも持てると思う。この文章を書いた人は、絶対に自分の好きな職業につけると思う。私も好きな職業につきたいと思う。

⑥　友だちの課題文「西岡常一人間」について

私は、「西岡常一人間」を書いた人と同じ意見です。西岡常一さんのことを「おじいちゃん先生」と言っているところです。初めこの文を読んだ時、「おじいちゃん先生」って何だろうと思ったけれど読み進んでいくうちに、私と考えていることが同じだなと思った。私は、この西岡常一さんのことを初めて聞いた時、「うちのおじいちゃんみたいな人だ」と思った。でも私は、そのことを、うまく口に出して書けなかった。「西岡常一人間」を書いた人はすごい。それから、私も、西岡常一さんみたいに、思いやりのある人になりたいとあらためて思った。

4　生徒が表出した生き方の内容

私たちは、生徒の価値意識の形成を急いではいけないし、それに怠惰であってもいけない。生徒たちは、課題をもとに自分で学ぼうとした生き方や、同じように友だちが学ぼうとした生き方を読んで、西岡さんから学ぶものを自分で焦点化した。友だちの課題文1〜11を読んでまとめた六例の内容をもとに、生徒が表出した生き方の内容について考えてみよう。

①「初歩の初歩」について

課題文の「仕事へのこだわり」「一生懸命な人」「初歩の初歩」「それに気付いた昔の人」に共通する内容である。「目で見て手で触って知ろうとし」「古い資料で研究する」といった表現もあり、多くの生徒たちが注目し表現しようとした内容である。生徒たちがなにかを学ぼうとするとき、なにかを創ろうとするとき、このような視点は大きな支えになるのではないだろうか。

私たちでも、法隆寺の五重塔を解体修理することの重大さに畏れ、人命に直接つながる心臓移植をすることの重大さに慄くとき、無力な私たちを支えてくれるのは五重塔そのものであり心臓そのものであるように思う。その対象に近づけば近づくほど、対象そのものがいろいろな力を与えてくれるように思う。生徒たちがなにかに取り組もうとするとき、それが大きいことでも小さいことでも、「初歩の初歩」で表現したことを手がかりにするのではないだろうか。

②「それに気付いた昔の人」「大切なことは理解すること」について

西岡さんは法隆寺や古代建築について博覧強記である。それは「初歩の初歩」からこだわり、口伝を大切にし、仕事を楽しんでやってきた結果であろう。この博覧強記に着目する生徒、いまから自分の仕事について考えようとする生徒の意気込みを感じる。

西岡さんが語る口伝の内容が生徒たちに感銘を与えたのだろう。生徒も納得できる科学的で合理的なものであるとともに、すべてのものを大切にするあたたかさのようなものに感応したのではないだろうか。現代の文明がもっとも優れていると思っている生徒たちにとって、口伝の内容とともにそれが絶えることなく伝えられてきたことに感動するのではないだろうか。まだまだ知らないことが多いなという気持ちにもなったようだ。

③「一生懸命な人」「自分の職業に誇りを持てること」について

「大切なことは理解すること」「自分の職業に誇りをもてること」で明らかにされたように、働くことや職業についてすこしづつ考えようとしている。進路指導は、生き方を考える道徳の時間でも行われねばならない。西岡さんのような仕事が自分たちには用意されていないのではないかという不安も見える。

『木のいのち木のこころ　人』によると、西岡さんの弟子である小川三夫さんは、高校の修学旅行で訪れた法隆寺の五重塔の見事さに感銘して宮大工を志したという。西岡さんは断ったが小川さんはあきらめなかった。西岡さんが「鑿、鉋をつかえるようになったらもう一度きてみなさい」という言葉を頼りに修行しそれでも断られ、弟子になることを許されたのは初めて訪れてから四年目だったという。その小川さんのところに修業にくる若者は多いそうである。またアメリカの起業家にはたくさんの若者がいることも事実である。自分たちにもいろんな可能であることをこのような事実から知ることが必要であろう。

④「西岡常一人間」について

「西岡常一人間」は、「西岡常一」の人間そのものを受け入れようとしている。自分の人生をかけて実現すべき価値を見出し、実現した人から受けるエネルギーや優しさに感応している。『りんごがたべたい　ねずみくん』と同じように

「西岡常一さん」を「生き方」のモデルとして受け入れていくのではないだろうか。女生徒にこのような見方が多い。

5　授業「木のいのち木のこころ」の指導上の留意点

①　一時間目の授業「工人の技と知恵を理解する時間」について

資料『木のいのち木のこころ』を読んだだけで、西岡さんに学ぶことをまとめさせるのはすこし無理がある。西岡さんが語っていることが生徒なりに理解できていなければ、西岡さんから学ぶ内容も少ないからである。

一時間目の授業「工人の技と知恵を理解する時間」は、西岡さんが語る内容を『木のいのち木のこころ　天』で補充しながら理解する時間であり、法隆寺の細部の写真やビデオでそれを確認する授業である。

〈西岡さんの紹介と資料『木のいのち木のこころ』の紹介〉

『木のいのち木のこころ　天』で紹介されている西岡さんの写真を印刷して配布し、この人はどのような人か想像させる。テレビで知っている生徒もいて、知っていることを説明させることもある。次にその著『木のいのち木のこころ　天』の「まえがき」を読んで西岡さんの紹介をする。

資料『木のいのち木のこころ』を読む。資料は長文なので、教師が一読したあと生徒たちに自由に読ませる。資料で使われている建築用語はそれほど専門的ではないが、馴染みのない用語もあるのでその都度説明を加える。

〈西岡さんの内容を自分たちで確認する自主活動〉

西岡さんが話していることが納得できるかどうか確認していく。

この段階で科学的な事実に感動する。とくに飛鳥時代という遠い遠い歴史的な営みが現在まで生きていることに感動するのである。無意識のうちに現代が最も優れていると思っている生徒にとっては驚きである。

〈法隆寺の映像や写真集で確かめさせる〉

この段階は、社会科や理科のような知識理解の学習を展開する。参考にする資料を揃えておくとともに、授業を図書館でするのも効果的である。次のような資料が使える。

法隆寺に関する映像または写真集

久野健、鈴木嘉吉著『原色日本の美術3　法隆寺』小学館、一九七一年

西岡常一『木のいのち木のこころ　天』草思社、一九九三年

小川三夫『木のいのち木のこころ　地』草思社、一九九三年

塩野米松『木のいのち木のこころ　人』草思社、一九九四年

寺沢　龍『薬師寺再興　白鳳伽藍に賭けた人々』草思社、二〇〇〇年

中学校　社会科歴史分野の教科書

新聞報道記事(二〇〇一年二月二一日の奈良国立文化財研究所発表内容)

朝日新聞「法隆寺五重塔の柱、建立の百年前の木」

西日本新聞「五重塔の柱　五九四年伐採　六七〇年焼けた？　焼けてない？」

② **時を越えて私たちに恵みを与え続けているものに着目させる**

「木」のように千年や二千年のときを越えて私たちに恵みを与え続けているものに、「職人技」のように先人が大切にしてきた人類の技のようなものに、私たちはもっと謙虚にアプローチしなければならないのではないだろうか。

③ **大量生産と大量消費だけでないものが多くあることを知らせる**

私たちは、大量生産や大量消費の中だけで生活しているように思うが、注意深く観察するとその対極にあるものが

結構存在していることに気付く。西岡さんや法隆寺にたずさわってきた人々はその対極に生きた人たちだし、いまも西岡さんの弟子たちにその精神は受け継がれ実践されている。先端科学にたずさわる人々も職人技を発揮する人たちも、日常生活でものを活かし大切にしている人々も多い。膨大なゴミの量や使い捨て文化も事実であるが、それだけでないものがあることを生徒たちに教えておかねばならないと思う。

④　地球的な視野でとらえさせる

法隆寺の木はどこに生育していたのだろうかということが授業で問題になった。ビルの建設にたずさわっている建築家に聞く機会があったので訊ねてみると次のようであった。

法隆寺の解体修理のときに新たに加えられた木材は二〇パーセント程度で、残りの八〇パーセントは千三百年前のものをそのまま使ったそうである。また、そのときの大きな木については、当時のことだから国境の意識などはないのでどこからでも持ってきたのだろうという。そのくらいの運搬は可能だったし、工人の往来も盛んだったという。現代的な工法でビル建築にたずさわっている人は当然のようにコメントした。工人の技や知恵についても、使われている木についても、日本という枠を越えて考えたほうがよさそうである。人類の逞しさのようなものまで考えさせられる。

第三節　『アメリカから帰って来た優』——日常生活における自己確立

1　資料解釈

資料『アメリカから帰って来た優』は、第三章二節と同じ資料ではあるが、授業の展開が異なるので、再度取り上げることにした。

三章二節の『アメリカから帰って来た優』は、授業の中の「読み合う活動」が授業効果を高めることを実証した事例である。ここで取り上げる授業は　生徒の感想文や状況把握の内容に問題があって、それに対応しながら六時間をかけて授業をまとめた実践記録である。生徒の状況把握のどこに問題があったのか、それをどのように解決したのかを明らかにすることによって、「書く活動」を中心にした授業の展開をより確かなものにしたいと考えている。三章二節の授業は、この授業の反省にもとづいて、次年度の新一年の生徒に実施した記録である。

この六時間の授業でつねに問題になったことは、自己と他者とのつながりや自己と集団とのつながりをどのように育てるかということだった。生徒たちがいつのまにか身につけていた価値意識や問題解決の手法にどのように対処するかということだった。

日本の農作業では、「隣の家が農作業を始めれば自分の家も始める、ただそれだけでやってきた、特別なことはしない」という行動パターンが長く存続してきた。農耕社会におけるこのような生活は、他者との協調や他者への思いやりを育て、集団のために自己を規制する心情を育ててきた。戦後の経済発展もこのような日本人の特質がもたらしたと見ることができる。しかしながらこのような生活スタイルは、過度に他者に依存したり集団の中に自己を埋没させたりする消極的な生活スタイルを定着させる原因にもなった。その結果として無責任な個を育ててしまうことも指摘されている。

生徒たちの将来は、簡単な単語を並べるだけで意志が伝わるような生活もあれば、共通な言語さえ持たない他者と協働しなければならない生活も予想される。武者小路実篤は、「人は人、我は我なり　されど仲良き」という句が好きであった。平易なこの句にこめられた「自己確立と他者との共存」をうながす力をどのように育てればよいのであろうか。

2　生徒の課題文の内容とその分析

授業は、資料の後半の「ぼくは、友だちの言っていることが最初はよく理解できなかった。話をしているうちにだんだんと三年前までの日本の生活が思いだされ、ぼくがとった態度に思いあたるものがあることに気づいた」に続く優の行動について「あなたが優くんだったら、これから、どうしますか」という課題を設定した。この課題に対する大多数の生徒の反応は、「ぼくだったら、まず、謝る」であった。

①　生徒の状況把握の偏り

「ぼくだったら、まず、謝る」という生徒が多数だったのである。少数であれば全く問題はないのだが、このくらい多数になると生徒の自学自習をベースにした「読み合う活動」ではどうしようもできない。

生徒たちは、本当に「謝る」ことが最善と考えているのだろうか。それとも、便宜上「謝る」という行動を選んだのだろうか。これほど「謝る」ことに集中するのは、学級に「いじめ」のような緊張状態があるのだろうか。このようなことを考えながら「読み合う活動」のまえにアンケート調査をすることにした。

②　アンケートの調査内容

二時間目に一時間目の生徒の文章には触れずに次のようなアンケートを実施した。

アメリカから帰って来た優についてアンケート

次の項目についてあなたは賛成ですか反対ですか。該当するものをア～オの中から一つを選んで下さい。

ア、賛成　イ、どちらかといえば賛成　ウ、どちらともいえない　エ、どちらかといえば反対　オ、反対

1　優くんは友だちに謝ったほうがよい。　ア　イ　ウ　エ　オ

2　優くんは、友だちの誤解を解くほうがよい。　ア　イ　ウ　エ　オ

3　友だちは、せっかくのさそいを断られて気分を悪くした。もっともなことだ。　ア　イ　ウ　エ　オ

4　友だちは、遊びのさそいを断られたくらいで気分を悪くすべきではない。　ア　イ　ウ　エ　オ

5　優くんは、これからもこのようなアメリカ的言動はとらないほうがよい。　ア　イ　ウ　エ　オ

6　優くんの言動はよいと思う。　ア　イ　ウ　エ　オ

7　友だちのとった行動について賛成です。　ア　イ　ウ　エ　オ

氏　名（　　　　　　）

③　アンケートの結果

アンケートは項目1の「優くんは、友だちに謝ったほうがよいかどうか」と、項目6の「優くんの言動はよいかどうか」を問うのが目的である。その項目だけでは特別な意図が見えるので、関連するような項目をつけ加えた。

調査は、一学年の二学級の五八名に実施した。項目1と項目6の集計は次の表のようになった。五段階の選択肢を集計ではアイとウとエオの三段階に集約した。

「6＞7」は、項目6のアイウエオと項目7のアイウエオで、項目6の選択が項目7の選択よりアのほうに近いもの。たとえば、項目6がイで項目7がエの場合は6＞7に該当する。項目6と項目7の選択において「優くんの方を肯定」と考えられるもの。

「6＜7」は、この逆で、たとえば、項目6がイで項目7がアの場合は6＜7に該当する。「友だちの方を肯定」と考えられるものの。

「6＝7」は、項目の6と7のアイウエオが同じもの。優くんと友だちのどちらについても同じ程度に判断しているもの。

④　アンケートから推測できること

〈生徒の四人に三人は、「謝る」ことを選択している〉

課題文「あなたが優くんだったらどうしますか」で「謝る」が大多数だったことと、アンケートの項目1「優くんは謝ったほうがよい」が七二％であることから、生徒たちの四人のうち三人は、確かに「謝る」という判断をしたことがわかる。

表1　アンケート項目と結果

項目1 優くんは謝った方がよい	ア、イ	ウ	エ、オ
	49人	9 人	10人
	72％	13％	15％

項目6と項目7 優くん肯定か、友だち肯定か	6＞7	6＝7	6＜7
	28人	19人	21人
	41％	28％	31％

〈優くんを肯定する生徒の方が、友だちを肯定する生徒より多い〉

項目6と項目7に関しては、「優くん肯定の傾向」の「6＞7」が四一％、「どちらともいえない」の「6＝7」が二八％、「友だち肯定の傾向」の「6＜7」が三一％である。優くんを肯定する生徒の方が、友だちを肯定する生徒より多い。どちらにも問題があると考えている生徒も多い。

〈優くんは謝ったほうがよいという判断と友だちを肯定することはあまり関連がない〉

「友だち肯定の傾向」三一％から類推すると「優くんは謝ったほうがよい」七二％は多過ぎる。同様に、「優くん肯定の傾向」四一％から類推すると「優くんは謝らなくてよい」一五％はすくな過ぎる。

このことから推測できることは、「優くんの行為」を肯定したり否定したりすることと「優くんが謝る」かどうかということを、同じ問題ととらえていない生徒が二六～四一％くらいはいるようだ。

〈「優くんは謝ったほうがよい」から「友だち肯定、優くん否定」と類推はできない〉

「優くんは謝ったほうがよい」という生徒の判断を「友だち肯定、優くん否定」と考えたが、「友だち肯定、優くん否定」がそれほど強いものでないことがアンケートの結果からわかった。「友だち肯定、優くん否定」が少なかったことに安堵するとともに、そのような判断と「謝る」という行為の差異に新たな危惧を持つことになった。

3　新たな状況把握をうながす活動

「謝って解決する」という判断を見直す二つの活動を行う。

①　友だちの判断内容を検討する

「あなたが、優くんだったら、このあとどうしますか」について、四人の友だちの異なる判断内容を紹介する。判断内容に大きな違いがあることを知ることによって、自分の判断を見直すことを期待する。

生徒に紹介した友だちの判断

1「謝る」

僕がこの立場だったら、まず謝る。謝らなかったら、どんどん嫌われるだろう。もしも、謝っても無視されたときは、先生に相談したほうがいいと思う。でも、まず、謝ること。「ごめんなさい」ととにかく謝る。謝る。

2「謝って最初の頃のようにもどるようにする」

ぼくは前にこういう経験をした。僕が優くんだったら、このあと、二人の友だちに謝って、また最初の頃のようにもどるようにする。僕は前に一度、こういう経験をしたことがあるからだ。このときは、僕が調子に乗りすぎていたというのが原因で、何日間かにわたって友だちに謝ったら許してくれたからだ。やはり、僕は前に読んだ「心を伝える」という言葉についての文が、このことに深く関係しているなあと思った。

3「ぼくは、すぐには行動しない」

どうするだろうか。ぼくは、すぐには行動しないだろう。すこし日にちがたってから行動を開始するだろうな。その間は、悩んでしまうと思います。日にちがたったら、たぶん、ぼくは、アメリカの生活と日本の生活の違いを友だちに言って誤解を解くと思います。それか、もしくは、謝ると思います。

4「ぼくは、その友だちに言い返す」

ぼくは、その友だちに言い返すと思います。「ぼくには、ぼくがその時にやりたいこと、したいことがあるのだ。もし、君が逆の立場だったらどうする。今からすごくやりたいことがある、その時にしかできないことや見られないことがある、そんな時に友だちが来たら絶対に断ると思う。君らがゲームをしようと遊びに来た時、悪い言葉で追い返していないじゃないか。それに君らをバカにするために英語を覚えたんじゃない」と、ぼくは言うと思います。

生徒の内容は、大多数が1の「謝る」と同じ内容である。2、3、4を書いた生徒はこの生徒たちを入れて三〜四名できわめて少数であったが、2、3、4のような判断があったことが幸運だとさえ思われる。生徒たちには、1〜4に該当する人数がどれくらいあったかは知らせない。

2、3、4の内容は、中学生としては賢明な状況分析がなされ、大胆な自己主張をしている。この三つの内容が生徒たちに新しい状況把握と状況分析をうながすことができそうだと考えたのである。

生徒にはいつものように四つの内容を印刷したものを配布し、それをまとめた四つの短文を黒板に掲示して、それぞれの内容について質問をさせた。それに答えるのはこれを書いた本人ではなくて、教師が指名した生徒がその立場になって答えるようにした。どうしても答えられないときだけ、教師が代わって答えるようにした。立場討議に近いものにしたのは、四つの内容をよく吟味させることと、4を書いた生徒が緊張していて自分が書いたことを知られることを避けているように見えたからである。

4については、その反論の鋭さに驚く生徒が多い。内心ではこのように考えていても、これほどはっきりと主張することは衝撃だったようだ。「理由はどうであれ、この状態を解決するために謝った方がいい」という判断の対極にあるもので、このような見方の存在を知らせることで、自分の判断を見直す起爆剤になったようだ。いつも話題になる「だれが書いたのか」という素朴な反応もなかったくらい強烈だった。1から3についても、いろいろな状況を予想してそれぞれの状況把握ができた。

②　優くんに手紙を書く

四つの判断内容の検討は内容理解が中心でどれを選ぶかといったことは考えない。各自の判断を問うことなく、生徒に優くんへの手紙を書く課題を与えた。手紙には、一般的に、冷静な状況判断のもとに共感的な接近をする力がある。優くんへの助言は、優くんを取り巻く状況の冷静な判断を生み、励ましは優くんへの心情面の理解を深める。

①　優くん、その友だちに謝らなくてもいいよ。優くんは悪くない。向うの方がとっても悪い。五時に来たって、その時見たいものがあったから遊べなかっただけでしょ。友だちと遊ばなかっただけで優くんをいじめるとか、とてもいじわる。そんな友だちはいらん。
　もしその友だちがこのことについてムカついていたなら、直接いえばいいじゃないか。優くんをいじめるなんてとてもひどすぎる。だから優くんはもうこのことにはかかわるな。許すならその友だちが謝ってきたら許せよ。では、さらばだ。

②　優くん、思い出すのだ、三年前のことを。お前は友だちとどうやって付き合っていたのかを。しかし、お前のそのアメリカ人的言動は直すな。それはお前の個性だ。しかし、友だちには謝るのだ。そして、仲良くしていくのだ、優。ファイト、ファイトだ。グットラックだ。優、はばたけ。

③　優くん、友だちはほかにいるよ、あきらめるな。友だちがいないからってあきらめるな。世界は広いぞ。だから生きろ。とことん生きろ、あきらめるな。なにがなんでも生きろ、生きやがれ。太陽にほえろ、ガッツだぜ、

おまえはヒーローだ、青春の固まりだ。だからやめんな、あきらめるな、もう一回言うけれど、ガッツだ。

④　優、おまえが謝るか言い返すかはおまえ次第だ。言い返したとしたら、向うの奴は、考え直すか逆切れしてもっとおまえを避けるかもしれないのだ。それなら謝ればいいと思ったら大間違い。謝りゃいいってもんじゃない。許してくれるか友だちをやめるかはそいつら次第だ。

⑤　僕は謝った方がいいと思います。なぜかというと、日本でアメリカ人的言動をとったりしたら友だち関係が悪くなると思うからです。そして、これからはできるだけアメリカ人的言動をとらないようにして、友だちと遊べるときは遊んだ方がいいと思います。

⑥　僕は謝ったほうがいいと思います。一生で一度の友だちで、人生の最後まで友だちなのです。その人たちを大切にしてやるために謝った方がいいと思います。自分のやりたいことをやるとあるけれど、やりたいことをしてもそれはその日だけのことであって、友だちは一生つきあうものだから謝ったほうがいいと思います。アメリカ的言動といってもそれを工夫し、アメリカ的言動と日本的言動を混ぜてやったら嫌われなくてすむと思います。

自分の思い通りにするほど世界は甘くないと思います。自分の通りにやって友だちができるほど甘くはないと思います。だから、工夫したり謝ったりした方がいいと僕は思う。

表2　アンケート項目と２回目の調査結果

項目1 優くんは謝った方がよい	ア、イ		ウ		エ、オ	
	49人	**41人**	9 人	**10人**	10人	**13人**
	72%	**62%**	13%	**17%**	15%	**21%**

項目６と項目７ 優くん肯定か、友だち肯定か	6＞7		6＝7		6＜7	
	28人	**39人**	19人	**11人**	21人	**14人**
	41%	**59%**	28%	**18%**	31%	**23%**

注）枠内、右の網カケ・ゴシックの数値が今回の集計結果。左は前回。

③　再度のアンケートの実施

生徒の手紙文は、優くんにいろんな応援をしている。生徒の見方や考え方に変化が起きていると考えてもよさそうである。手紙文を書いた直後に前回と同じアンケートを実施した。友だちの手紙文を読み合う前に実施したので、四つの課題文と自分の手紙文だけが新しく加えられただけである。

項目1については、前回とくらべて、「アとイ」の数値がやや減少し、ウと「エとオ」の数値がやや増加している。項目6と7については、項目1にくらべて変化が大きい。「6＞7」の数値が増加し、「6＝7」「6＜7」の数値が減少している。「エとオ」と「6＞7」、「アとイ」と「6＜7」については、前回と同じように、関連は少ないようだ。

④　新たな状況把握の傾向

優くんの今後についての四例を検討し優くんへの手紙を書いた授業後のアンケートの結果から生徒の変化を推測しよう。

〈優くん肯定の傾向は強くなった〉

一回目と二回目のアンケート結果を比較すると、優くん肯定は四一％から五九％、どちらともいえないは二八％から一八％、友だち肯定は三一％から二三％と変化した。優くん肯定は学級の過半数を占めたことになる。

〈優くんが謝ることについては意見が分かれる〉

一回目と二回目のアンケート結果を比較すると、アイの数値が少なくなって、ウとエオの数値が若干増えている。最初の課題文のような「まず謝る」とした判断ではなくて、どうあるべきか迷っているのではないだろうか。

「優くんへの手紙」では、「謝らなくてよい」とやさしい表現ではあるがはっきりと伝えているものもあるし、「謝る」という行為にしても前向きな根拠を示しているし、謝ることと優くんの行為とを結びつけていないものもある。

〈どうあることがよいのか考え始めた段階〉

授業で紹介された強烈な判断をした友だちの課題文、優くんに書いた手紙、アンケートに答えるためにどの項目を選ぶか選択を迫られたことによって、このことについていろいろな角度から考え始めているところではないだろうか。

4　再び新たな状況把握をうながす活動

どうあることがよいのか考え始めた生徒たちに、はっきりとした判断や方向性のあるアドバイスが必要だと考えた。そこで、この授業の四ヶ月後に「あなたが優くんだったら、これからどうしますか」についての友だちの四つの判断内容をもとにして家族や学校外の友人の判断や意見を聞く活動を実施した。その内容をレポートにして提出することを課題にした。

11月10日、取材の目的の説明と資料の読み直し。11月17日、取材をする人の決定と質問内容づくり。11月24日、取材内容の整理をしレポートを完成する。12月8日、学級全員の報告を冊子にしたものを読み合う。

①　生徒のレポートの内容

1　小学校のときの友だちに聞く「どっちも悪い」

ぼくは、小学校時代の友だちに、優のような奴がいたらどうするか聞いてみた。友だちは「どっちも悪い」と言った。理由は、優はアメリカ人的言動に気付かず、なぜ学級の友だちが白い目で見るのかわからずに、原因を考えようともしなかった。二人の友だちは、そんな小さなことで悪口を言ったり無視したりしたところ。どちらも悪いと言った。

さらに、つぎのように答えた。優はアメリカ人的言動が身についたため、いきなり使うなというのも無理だろう。でも、すこしは言葉遣いに気をつけないといけないと答えた。二人の友だちについては、優はアメリカに三年もいたんだから、アメリカ人的言動などが身につくのは当然。そこをちゃんと考えてやるべきだ。わざとじゃないのだから、悪口を言ったり無視をしないで優に協力しないといけないと答えた。そして、こんなことがあっても拗ねたりしてはいけないといった。

ぼくは、この友だちの意見を聞いてなるほどと思ったり、ぼくの考えと違うところを見つけることができた。

2　小学校のときの友だちに聞く「外国の文化」

ぼくは、小学校の時の友だちに聞いてみた。すると、ぼくと友だちの意見は、まったく違っていた。友人は、優がアメリカの文化を日本に持ち込む方が悪いと言う。ぼくは、友だちの方が悪いと言う。

だって、アメリカにはアメリカの文化があって、日本には日本の文化がある。それが違うのはあたりまえで、そんなことをとやかくいうのは、その人が自己中心的だと思う。外国で生活してきた人に、無理やり自分の国の文化を押付けてちょっとでもアメリカ人的言動があったら、その人を仲間外れにするなんて絶対に間違っていると思う。

ぼくは、小学校で外国人差別や外国の文化のことを学んだ。外国人との交流もあった。外国の文化や食物をクイズや試食で学ぶワールドフェステバルという集会もあった。だから、ぼくは、外国人とか外国で生活してきた人と会話などいろいろしたことがある。ぼくは、外国の人と仲よくしていこうと思っている。ぼくは、外国の文化を間違っているという人は、絶対に間違っていると思う。外国の文化を受け入れないで自分のことばかり考えている人は、社会に出ても成功はしないと思う。ぼくは、外国人と仲良くなって、外国の文化を受け入れられるような人になっていこうと思う。

3　弟と妹と父と母に聞く「みんなの意見と僕の意見」

家族に聞いたのを整理すると、僕の最初の意見と同じ考えがお父さんとお母さんです。そして、僕が後から考えた意見と同じのが弟と妹でした。

お父さんとお母さんの意見をまとめると、優の立場だったら悩んでしまうそうです。そして、自分のとったアメリカ的言動を見直して、悪かったところを反省するそうです。そして、二人の友だちには次の日に誤解を解くということでした。弟と妹は、優は絶対に悪くないと言っています。アメリカでの言動が身についてしまった優の言動は悪くないということです。そして、二人の友だちを恨むそうです。

つぎに、優のアメリカ的言動に対して思ったことを聞いてみると、さっきと同じように、お父さんとお母さんが同じ意見で、違う意見が弟と妹でした。お父さんとお母さんの意見は、優のとった言動はいけないと思う、遊びにきた友だちにテレビをみるからだめといったのは悪いという結論でした。それでも、何で友だちも、もっと早く来ないのだろうかと言っていました。弟と妹の意見は、別に悪くないと言う。アメリカの言動が身についてしまった言動に対して友だちが無視する方が悪い、わざとやったわけではない、しょうがないという結論でした。

最後に、優へ言いたいことを聞くと、みんな同じ意見になりました。それは、これからは日本での生活に慣れて、友だちを傷付けないように仲良くやって下さいという結論だった。僕は、弟と妹の意見と同じでした。家族の中で、いろいろな意見がでてきたので、面白く感じました。

4　父に聞く「父、キレル」

ぼくは、はじめは、優君が友だちと遊ぶのを断ったので、優君が謝ったほうがいいと思っていました。せっかく遊びに来たのに遊べないなんて……。

しかし、お父さんとお母さんに聞いてみると、二人とも「そんな時間に遊びに来る方が悪い」という意見でした。ぼくの予想は見事に的中した。ぼくは、お父さんとお母さんに聞く前に、二人は遊びに来る方が悪いと言うだろうと思っていたからです。ぼくの意見は違っていて、優くんが悪いと思っていました。

ぼくは、お父さんとお母さんの意見を聞いて、だいぶ意見が変わりました。五時に来て遊んだとしても、一時間くらいしか遊べない。もし僕が優くんでも、五時に友だちが遊びに来たら、「もう少ししか遊べないからだめ」とはっきり言っているだろう。

さらに、優くんを無視し続けた友だちについてお父さんに聞くと、「相手がそんな時間に遊びに来て悪いのに、そのうえ学校でも無視し続けるなんて、なんてやつらだッ」と父はキレタ。僕は、この言葉をお父さんが言ったとき、ちょっとビビリました。

僕は、最初は優が悪いと思っていたが、お父さんとお母さんの意見を聞いて一八〇度回転し、友だちの二人が絶対に悪いと言う意見に変わりました。お父さんとお母さんの意見を聞くことができてとてもよかったと思いました。そして、お父さんが怒ったのが、いまだに脳裏をよぎります。

5　母に聞く「親の考えと自分の考え」

ぼくは、優くんは、絶対にその友だちに謝らなくてもいいと思う。なぜかというと、遊べなかっただけで優くんをいじめたからだ。

小学校の頃、ぼくのクラスのある女子がいじめられていた。ぼくは、その時、みんなと同じように、その子を完全に無視をしていた。ぼくは、こういう行動をとったことを今でも反省している。それに、その子がいじめられているのを見ていたから、いじめというのがどんなにいけないことか、なんとなく分かるようになった。だから、ぼくは、遊べなかっただけで優くんをいじめるのはとても悪いことだと思う。僕は、この話をお母さんに読んでもらって、優くんは友だちに謝るべきかどうかきいてみると、つぎのように紙に書いてくれた。

「子どもは、それぞれその時の自分の行動に一生懸命で、遊べないと断る方も悪気があるわけでなく、また断られた方も、遊びたいという一途な気持ちで来て、それがとげられなければ悲しい気持ちになるのも当然だと思う。それぞれが相手の立場に立って思いやれば、このことが原因でいじめに発展することはないと思う。しかし、ただそう思っても、それぞれの思いは相手に通じないので、断る方も、わざわざ来てくれてありがとうなどの一言がとっても大切なことだと思う」

やはり大人の考えはすごいと思った。ぼくは友だちが悪いと思ったが、お母さんは、どちらも悪くもないし良くもないという意味であろう。

6　父に聞く「優くんの言動について」

ぼくは、お父さんに聞いてみてわかったことは、お父さんは、優くんみたいなことをしてクラスが白い目でみるようになったときは、一人で悩まずに終礼などで話し合って解決するそうです。それと、優くんは謝らなくてもいいそうです。友だちの二人は、優くんはアメリカから帰ってきたのだから、それなりの言動を許してやらないと優くんは生きていけないと言っていました。

お父さんの経験からいくと、こういうことは数えきれないほどあるそうです。こういう時は、下手にでずに同じくらいのところで話し合わないと話し合いにならなくなる、上手か同じ位置にいるようにすればいい話し合いになるそうです。それと、優くんのクラスの人たちも、あの二人にだまされずに優君を助けてやればいいといっていました。ぼくは、お父さんの意見にすごく納得しました。優くんのことだけでなく、いじめられている人がいたら、ただ見ているだけでなく、「やめろ」といってやることにつながるのではないかと思う。

国際交流のことだけど、お父さんは、子どものうちはそれほど複雑ではない、ただ優くんの学校の友だちが少しわがままなのだといってくれました。ぼくも、同じ意見だ。こんなことで仲間はずれにされていたらたまったもんじゃないと思った。

7　祖母に聞く「祖母の意見」

祖母に「アメリカから帰って来た優」を読んでもらい感想を聞いた。祖母は、次のようにいった。

アメリカ的なものの考え方は、物事に対する考え方が合理的で、物事に対してこだわらない。相手の立場や行動について、自分の側からでなく相手を理解することができる。日本人は自分がいやでも相手にいやな思いをさせたくないので、自分をおさえて相手に合わそうとする。そうすることがよいことだと思っている。日本人は本音と建前を使い分けるので、日本人とつき合うのはそこが難しいのだと、祖母はいった。

そこで、次の二つの質問をした。一つは、もしあなたが優くんだったらどうするかと質問した。祖母は、説明して納得してもらってから、「ごめん」と言う。しかし、この「ごめん」は許してくれという「ごめん」ではなくて、まったく日本的な儀礼の「ごめん」だと言った。二つ目は、もしあなたがアメリカ的言動をされたらどうするか質問した。祖母は、すこしさびしくはなるが怒らないだろうと言った。

ぼくも祖母の意見に賛成だ。これからは、国境のない世界に変わっていくと思うので、日本人も小さなことにこだわらずに相手を認め受け入れていく人になっていきたいと思う。

② 新たな状況把握の傾向

ここで取り上げた七例だけでなくどのレポートでも、質問に答える人たちが明解な判断をしている。どのように考えてよいのか不安定な状況の生徒たちに、明解な情報が与えられたようである。

〈明解で客観的な判断〉

生徒が取材した人々は、この事例を冷静に判断できる立場にいる。自分たちは当事者でもないし、自分の判断を他者がどう判断するのか考える必要もない。優くんはどうしたらよいかについて、その人の価値意識で価値的なまたは現実的な解答をしている。生徒たちもそうであるべきではないだろうか。

現実の場面に直面したり、授業のようにいろんな考えが出てきてしまうと迷うのが当然であろうが、つねに明解な判断があることを体験できたようだ。

〈優くんが謝ることについては否定的な判断〉

弟や妹の感覚的な否定の中にある真理、大人による何のためにどのように謝るか規定した判断、友だちのどちらも悪いという判断などによって、判断するはっきりした情報を得たようだ。

〈家族の人々の自分に対する深い愛情〉

自分に対する家族の愛情を感じたり、逆に幼いものへのいとおしさを体験したり、学級以外の友だちの友情を確かめたりしたと思う。レポートを読むと、家族それぞれに判断の内容やそれを伝える方法は異なるが、子どもの成長のために大切だと思うことを語り伝えていることがよくわかる。学校の道徳教育にもこのような家族の愛情ある参加は貴重である。

〈レポートをまとめながら新しい見方や考え方を自分のものにしていく〉

これも書く活動の一つの形態だと考えている。生徒たちは、こういう活動を通して自分の見方や考え方をすこしずつ変化させていくのではないだろうか。さらに、そのレポートを読み合うことによってさらに新たな状況把握をするのではないだろうか。

③　レポート集の作成

学級ごとに、生徒たち全員のレポートを、生徒の筆跡のまま印刷し冊子にする。生徒たちは学級ごとに表紙をつくり、表紙に自分で色付けしたりして大切にしている。通常は、四例や八例しか紹介できないが、ときには、このように学級の全部のものを印刷配布することもある。

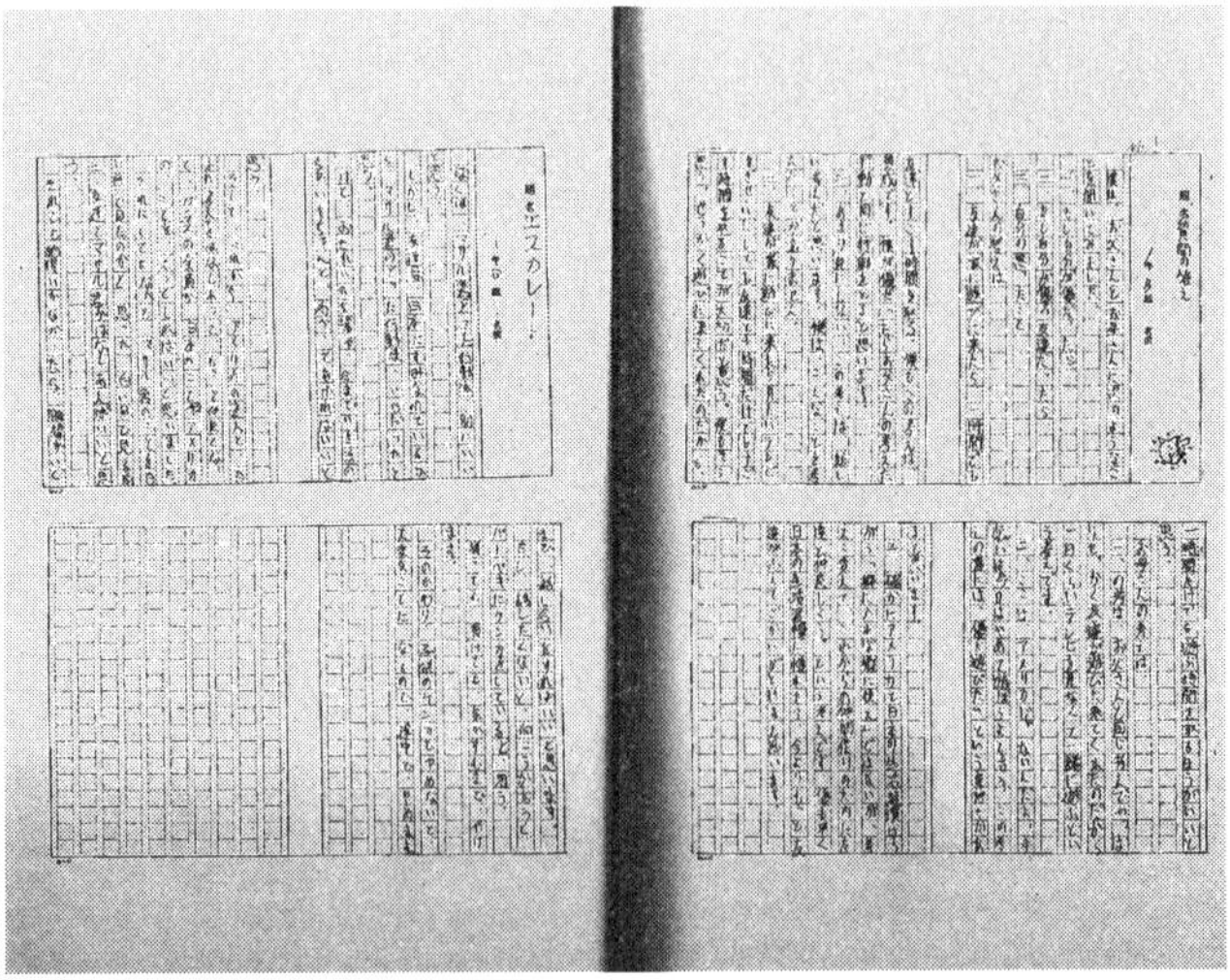

写真上は、ある学級のレポート集の表紙と裏表紙。裏表紙は、優くんがアメリカから帰って来て、ビックリしたり恐怖を感じたりした様子を表したのだそうだ。

5　授業「アメリカから帰って来た優」の指導上の留意点

この『アメリカから帰って来た優』の授業で気付いたことをまとめておこう。

①　状況把握は、行動選択より心情把握から取り組ませる方がよい

『登山靴』における状況把握は、主人公の行為を判断することに集中したところに問題があった。ここでも、行為の選択に集中したことが状況把握を狭く浅くさせてしまった。心情面から状況把握することから始めさせるとよい。行動選択を伴う状況把握には、ゆっくり慎重に取り組ませるような展開が必要である。

②　家族や経験豊かな人々の状況把握を体験させるのは効果がある。

家族からの取材内容をレポートさせ、それを読み合うことは、生徒の価値意識の変容に効果的に作用する。家族のレポートには遠慮がなく明快な意見が示されている。

③　生徒の価値意識の把握にはアンケート調査の併用がよい

今回、同じ内容のアンケート調査を三回実施した。生徒たちは、二人の友だちを肯定し優くんを全面否定しているのでもないことが数値に表れて安心できた。また、全体傾向は「どちらかといえば優くん肯定」で「しかし優くんは謝った方がよい」こともわかった。このように数値で出てくると生徒の判断は日本社会の反映のように思われて、生徒だけを責めることができなくなった。

④　道徳的価値の自発的顕在化を基本にして生徒の価値意識を育てる

生徒の価値意識に問題があるとしても、生徒がそれに気付き修正していくのは、生徒自らの学びの中からしか達成できないのである。急速な変化や成果を期待できるような方法はない。今回も「優くんへの手紙」や「家族の判断を取

材しそれをレポートする活動」を通して、生徒の中にある道徳的価値を表出させることに努めた。第一次の三時間、第二次の三時間と合計六時間の展開になった。

参考資料1

1　二〇数年ドイツに在住している日本女性の場合　「ぼくだったら、まず、謝る」という生徒の反応について

当地フランクフルトで日本人仲間と会食した際、この件を話題に持ち出してみました。まず皆が一斉に出した言葉は、その意見調査はどこの学校の話かという質問です。小倉と答えると、「そうだろうなあ、東京なんかじゃ違う反応だと思う。地方はまだ保守的な環境にあるのじゃないかな」というのが大方の意見でした。私も、中学生という若い年代がまだこういう風に考えるのかと驚きました。日本的発想と一括りには出来ないとは思いますが、自分のやり方をあくまで善として疑問をもたずに押し通すというのは、これからの世界を相手に活躍して欲しい世代に期待している我々としてはショックさえ感じます。

世界は広く各国の文化も違います。それぞれの国が自国の流儀を押し通そうとすると、極端にいえば、現在のパレスチナやユーゴ問題等々を見ても判るように、戦争にまで発展してしまうのではないでしょうか。文化、習慣は善悪では判断できるものではなく、相手に押し付けるものでもありません。まず、相手の立場を客観的に考え、寛容な態度で接することができるようになって欲しいものです。

そして、教育というものの一番大きな役目が、この客観性を育てるということにあるのではと思います。いろいろと他にも考えさせられる点がありましたが、今日の処は簡単にこれで失礼致します。

一九九八年九月　ドイツにて　VETTER-MATUKI-YUMIKO

（結婚してドイツに在住二〇数年、フランクフルトにある日本の銀行に勤務している最初の教え子）

2　来日して五年になる中国女性の場合

彼女は、生徒たちの七五％のものが「謝る」と判断したことを、大変好意的にとらえた。「さすがに儒教の国ですネ」といった。私は、生徒たちは、いじめられることをやめさせるにはまず謝ればよいのと安易に判断をしたのではないかと考えていたのだが、中国の女性のこの判断には驚かされた。どうしてそのように考えたのか聞いてみると、次のような話をしてくれた。昨年、アメリカにいる姉夫婦のところを訪ねた。そのときの姉夫婦に対する姪や甥の言動にはどうしても肯定できないところがあった。自分の娘は、アメリカでは教育できないと思ったという。

（彼女は関西学院大学に留学した経験があり、現在は関西の私立大で中国語を教えている。最近中国から、自分の中学生になる娘さんを呼び寄せて一緒に暮らしている）

3　私立高校の校長の場合

僕はまず謝ります。謝るところからすべてははじまるのです。世の中、まるく治めるのがなによりです。

（最初に生徒たちの「まず、謝る」、「謝ってから、誤解を解く」、「しばらくそのままにしておく」、「はっきりと言い返す」という生徒たちの文章を示して、どれを選択するか尋ねた。大人ばかりの楽しい会の中だったこともあり、そういう雰囲気を大切にして下さったところもあるだろうが、校長先生は、このように語った）

参考資料2　保護者への冊子の配布

保護者様

一年生は、道徳の時間に学習した『アメリカから帰って来た優』について、学校での学習とともに、ご家族の方々や近所の友だちに取材しまして、その成果をもとに自分の考えをまとめています。生徒の取材に際しましては、熱心に率直にお答え下さいましてありがとうございました。

生徒たちは、みなさまの愛情を受けとめて、自分なりのものの見方や考え方をつくっていき、自分の行動のあり方を学んでいくのだと思います。生徒たちが表紙もつくった冊子を、本日お配りすることができました。ご家族のみなさまでお読みくださいますようお願いいたします。

生徒たちの、それぞれに一生懸命なものの見方や考え方をあたたかく見守っていただきますようお願いいたします。

生徒の取材に協力して下さった方々

父（五名・八名）、母（一〇名・二〇名）、祖母（二名・一名）、兄（一名・〇名）、弟（五名・〇名）、妹（一名・一名）、従兄弟（〇名・二名）、自分（三名・一名）、友だち（一一名・一九名）、塾の先生など（一名・一名）、親や家族（二名・一名）。

カッコ内の数字は一年A組と一年B組の人数　合計（四一名・五四名）

参考資料3　資料『アメリカから帰って来た優』の後半

アメリカの多くの家庭では、午後六時以降は、子どもたちが自分の家で生活するようにしつけられている。子どもたちは六時までの時間を大切に過ごそうと、自分の考えでこの使い方を決めて、それぞれ生活する習慣が身についていた。約束をしないで遊びに出かけた時は、相手が「遊べない」と言えば、「また遊べるときに来るよ」と、何のこだわりもなく帰っていく。こんな生活を三年間もしてくると、アメリカ的行動がすっかり身につき、ここが日本であることも忘れて、あんな言動をとってしまったのだと気づいたのである。アメリカではあたりまえの会話であっても、日本ではせっかく訪れてくれた友だちの気持ちを、大きく傷つけてしまったのだろう。

口では、異なる国の人たちを理解しあい、世界人類発展のために協力しあっていこうなどと言われるが、同じ日本人でも、心を通じ合うことのむずかしさを痛いほど味わった。

あしたは学校の友だちに、ぼくのとった態度が日本人としての言動でなかったことをあやまるとともに、これから機会あるごとにアメリカの生活習慣なども紹介しながら、ささやかな世界の架け橋になっていこうとかたく心に決めた。そう考えると、ぼくの心が、もやもやした霧が晴れていくように、明るくなっていくのを感じた。

（出　典　二学年用副読本『中学生の新しい道』文教社）

第四節　『ご挨拶のすすめ』——自分の体験を語る

1　資料解説

ご近所へ引っ越してこられた奥さんがご挨拶にお見えになった。

「……この辺の様子がわかりませんので、なにかとお願いいたします。家族は五人なんですの。中学生の娘と小学校、幼稚園の男の子がおりますので、おやかましいことがあるかもしれませんが……ゴミはお宅の横へ出させていただくそうで、ご迷惑でしょうが、どうぞよろしく……」

三十五、六だろうか。明るい笑顔で、しっとりとした優しい言葉が、なんともさわやかであった。

その日一日、私は晴れ晴れしていた。若い奥さんから、こんな行き届いたご挨拶をきいたのは久しぶりだった。広い東京で、なにかのご縁があって、お互い近くに住んでいるのに、チラと眼があったりしても、間が悪そうに顔をそむけて、ほとんどものを言わない人が多く、下町育ちの私は最近なんとなく侘しい思いをしていたからである。

挨拶は潤滑油である。「お早よう」「今晩は」とひと言声をかけあうことが、お互いの気持ちのきしみをとかしてくれる。

「お暑いですね」「お寒うございます」など、ゆきずりのなんということもない言葉が世知辛い毎日の暮らしの中では、やさしいいたわりに聞こえたりする。

「俺は口べただから……」

古くからの私の知り合いで、ひどくもの言わずの人がいる。ある日、めずらしく重い口を開いて、五歳になった娘をどういうふうに育てたらいいだろうか、と相談にきた。四〇近くになってやっとさずかったその女の子を、眼の中に入れても痛くないほど可愛がっていた。

「そうね……とにかく他人さまにご挨拶が出来るように、今からしつけることね。小さいときからそういうふうにしこまないと、大人になって人前でものがいえなくなるのよ、照れくさくてね。人にも好かれなくなるしね」

彼はおどろいたように私から眼をそらし、顔を赤らめて考えこんでいたが、何かを納得したように帰って行った。一か月ほどして、その奥さんが見えた。

「……おかしいんですよ、うちの人ったら、このごろ朝起きると、私や娘におはようって言うんですよ。このあいだの晩なんか、このおでん、うまいな……なんて、こっちはなんだか、調子が狂っちゃって……でもうれしくなっちゃいました」。おとなしい、その奥さんはコロコロと喜んでいた。(大事な娘が人に好かれなかったら……どうしよう)あれからこの人は、一生懸命、努力しているらしい。

毎日、うちへ手伝いに来てくれる娘さんと私は、いつでも、どこでも、何をしていても声をかけあうことにしている。朝、彼女が仕事着にきがえているとき、私がその前の廊下を通る。その足音でこの娘さんは、襖をちょっとあけて、「おはようございます」と首だけ出してニッコリする。これがお互いに(さあ、今日もこれから働きましょう)という合図になる。座ってお辞儀をすることもない。私たち庶民の暮らしは、とにかく忙しい。少々のお行儀の悪さは堪忍してもらうことにしている。

私が、つきあう若い人たちは、それぞれに自分流の挨拶が、ピタリと身についていて、気持ちがいい。けれど——年寄りの欲とでもいうのだろうか。私はもう一つだけ、この人たちに望んでいることがある。(昨日の挨拶)とでも言ったらいいのかしら。つまり、一つのことを終わらせるための挨拶である。

「このあいだ、ご心配をかけたこと、おかげさまであれから先方とうまく話がつきました」「昨日いただいたお菓子、母の大好物だったので大よろこびしていました。ご馳走さまでした」とか、たったそれだけの言葉でお互いの心がふれあい、それが親しさを増し、人間関係を深めることになる、と私は思う。

(出　典　副読本『中学生の道徳二』(「自分を考える」、沢村貞子著、光文社刊『わたしの茶の間』より)　暁教育図書株式会社)

沢村貞子さんの随筆「わたしの茶の間」の一節で、「あいさつ」の大切さを述べている。生徒を対象にしたのではなくて、大人に語った内容である。でも、生徒たちは大人の社会において「あいさつをする」ことがどのように大切にされどのように実行されているかを知り、大人の社会を覗き見たような感じであろう。

このような資料を刺激にして、自分たちの「あいさつ」を考えさせようとするのがこの授業である。いままでのように、資料の中の内容について感想文を書くようなことはしない。

2　自分の体験を語る課題

①　体験の位置付け

ある事象の状況把握において、自分の体験をどのように関係づけるかは大変微妙な問題である。自分の体験だけで状況を把握することも、自分の価値意識だけで状況を把握することもできない。考察しようとする事象と生徒が想起する体験と生徒の価値意識が複雑にかかわり合いながら状況が把握されるのだと思う。このように考えると、感想文や課題文で行われている状況把握は、自由な活動でありながら生徒の内面で取捨選択を必要とする厳しい活動であることがわかる。そこで、ときには生徒がリラックスして自分の体験だけを自由に書く時間があってもよいのではないだろうか。

「賢者は歴史に学び、愚者は体験に学ぶ」と言われるが、最近、体験に学ぶことさえできないような事例が子どもにも大人にも多過ぎるように思う。自分の体験だけを頼りにし他者に耳を傾けないのも困るが、自分の貴重な体験さえも活かすことができないことはもっと困る。テーマを「あいさつ」にして自分の体験を自由に書ける時間をつくることにした。

②「あいさつ」の体験を語る課題

挨拶の体験をどのように語ればよいのか、それを具体化する二つの資料を用意した。一つは沢村貞子さんの随筆「ご挨拶のすすめ」、もう一つは教師の体験談である。沢村貞子さんの「ご挨拶のすすめ」は文章で、教師の体験は語り聞かせである。生徒に「あいさつ」についての思い出を呼び起こさせ、自分自身の思い出される「あいさつ」、うれしかった「あいさつ」、忘れられない「あいさつ」、書いておきたい「あいさつ」を書かせる動機づけである。

教師の体験　「エレベーターの中で」

ホテルの部屋からエレベーターを使って、食事に行こうとした時のことです。私は一人ですからエレベーターの中に誰もいないことを願っていました。エレベーターの扉が開きました。男性が一人乗っていました。

一瞬乗ろうかどうか迷いました。乗らないこともその男性に失礼です。思い切って乗ることにしました。私の一瞬の迷いは彼に伝わったと思います。

そのときです、彼は軽く会釈したのです。この時、エレベーターの中はすこしの緊張とすこしの安心が漂いました。

私が降りる階にきました。ドアが開きます。彼はさっと近付いて来て、ドアが閉まらないように片手を添えて私を先に通しました。彼もこの階で降りるようです。アメリカのテキサス、快晴の朝のことでした。

数日後、別のホテルのことです。エレベーターが一階に着きました。今度は私を押し退けるように先になって降りて行った男性がいます。会釈なんてとんでもありません。アメリカはロスアンゼルスにあるホテルニューオータニでのことです。ホテルも日本のホテル、男性も日本人でした。

テキサスの会釈は、微かに硬く、それでいて、冷たくもない。まさに天下一品の会釈でした。

テキサスのホテルのエレベーターでは、これだけの礼儀が要求されるほど危険だと考えることもできます。日本人はこのようなルールを必要としないほど安全なところにいると考えることもできます。しかし、日本人もテキサスのホテルのエレベーターのような会釈が要求されていることを自覚しなければならないと思います。

3　生徒の「あいさつ」体験

ここで自分の体験を素直に表現していると思える八例を示す。八例中七例が男子の生徒である。二時間目の「読み合う活動」で実際に紹介したのは、この八例を含めて、一年A組では一六例、一年B組では一三例である。その理由は後述する。

1　白石くんの挨拶

ぼくは、入学のまえに制服を買いに行ったとき、死ぬような思いで挨拶をした。ぼくが挨拶をしたというより、相手が挨拶をしてきたのだ。

制服を買いに行ったとき、ぼくの隣で制服をあわせていた男の子がいた。その子はぼくの隣でニコニコしながら、ぶつぶつなにか言っていた。実は、ぼくに言っていたようだ。その子はニコニコしながらぼくに挨拶をしてきた。なんて言ったかよく覚えていないのだけれど、たぶん、「こんにちは、おれ白石、よろしく」とでも言ったような気がする。そうだ、白石くんだ。かれは、そういうところがあるとてもいい奴だ。白石くんの挨拶はこの文章を書いている今も忘れてはいない。

2　いまでは友だちです

小学生の時だけれど、塾でぼくに挨拶するものは、先生以外にはだれもいなかった。勉強が嫌いでさぼりたくてついた嘘がもとになって、徹底的にいじめられた。一番いじめの大将だったやつがこの学校にきていた。今度何かそのことで言うようであれば、ケンカしようと思ったくらいだった。ところが、その大将だったやつは、会った途端に「ごめん」と言ってきた。その一言がぼくの生涯で一番うれしかった。いまでは友だちです。

3　あいさつをしなかったことで

ぼくは、あいさつをしなかったことで忘れられないことがあります。

ぼくが小学校のとき、とても仲が良かった友だちとケンカをして何日も口をきかなかったけれど、ある朝、その友だちと久しぶりに出会ったら、「おはよう」と言ってきた。けれど、ぼくは知らん振りをして行ってしまった。それからは、その友だちと話もしなくなりました。あのとき、ぼくが「おはよう」と言っていたら仲直りできていたかもしれません。

4　ケンカをしていた友だち

小学校のときですが、友だちとケンカをした。つぎの日は、友だちは学校を休んだ。そのつぎの日、友だちは学校にきた。「おはよう」と言ってくれた。ぼくはうれしくてたまらなかった。ケンカしていたのに、そんなことを気にしないで「おはよう」と言ってくれた。ぼくの中で、このあいさつが一番心に残っている。この友だちは戸畑に引っ越したけれど、ぼくは一生の友だちと思っている。

5　あいさつをされたこと

ぼくは、よくあいさつをする方だと思う。掃除をしてくれる人にもあいさつするし、食堂から帰るときも出会う先生にあいさつはする。人より先にあいさつをするぼくでも、ときには、先にあいさつをされることがある。その中で心に残ったものがある。

学校の帰りは、小倉まで行って乗り換える。小倉で乗り換えるとほとんど座れないが、ときどき、二人で座れるところに一人しか座っていないことがある。そのときは、頭をさげてから座るようにしている。座っている人は、まったくぼくを無視している。でも一度だけ、頭をさげて座ろうとしたとき、「どうぞ」と言われた。

とてもうれしかった。これからも、ちょっとあいさつをして座ろうと思った。

6　「オッス」

一番うれしかったあいさつは、高校の男子部の人が、ぼくたちに「オッス」といってくれた。ぼくたちも「オッス」と言い返した。そしたら、ニコッと笑って行ってしまった。ぼくはあんな風なあいさつがいいと思った。

ぼくは、あいさつは、人と人を結ぶ通信ケーブルだと思う。

7　男子の挨拶

小学生のころ、五、六年になってから、男子からあまり挨拶をされなくなった。人権のことで話し合ったとき、先生がお互いに挨拶をしようと言われたのに。私が挨拶しているのに男子は返事がなかった。さみしかった。友だちにどうしてだろうか聞いてみた。男子は恥ずかしいのじゃないかという返事だった。ある日、このことを先生にいってみた。先生は帰りの会で話してくれた。だれも、黙っていた。それからしばらくして、私は男子に挨拶した。すると「オハヨー」と大きな声が返ってきた。うれしかった。男子もうれしかったのだと思う。

8　キャッチボール

キャッチボールをやるとき、お互いに声をだしてやると、とてもやりやすい。ソフトボールの試合では、どんなチームの人とでも挨拶をした。そして、いろいろなチームに友だちをつくっていった。バッターボックスに入るとき「お願いします」と一度だけ言ってみた。とても気分がよかった。ぼくが試合でミスしたとき、まわりのみんなが「つぎ、がんばれ」といってくれた。ものすごくうれしかった。なにげないひとことなのにうれしいことがある。ぼくは、挨拶ってすごいものだなと思った。

4　体験を中心にした課題

一年間で体験を中心にした課題は三回しかない。「あいさつ」の体験と「福智登山」の体験と『蜘蛛の糸』と関連づけた「自己中心的な行為」についての体験である。二つはどちらかというと楽しい体験であり、もう一つはやや重い体験である。それほど多くは必要ないが、資料を仲立ちにしない体験も取り入れる意味があるように思う。

①　体験を語るときの取捨選択

ここで示した八例の「あいさつ」は、生徒が「あいさつ」について体験したたくさんの事例の中から自分で取捨選択した内容である。いろいろな体験の中からある内容を取り上げるところに、生徒の価値意識が大きく作用しているのではないだろうか。道徳的価値の自発的な顕在化がもっともストレートに行われる活動であろう。

資料をもとにした感想文や課題文における状況把握や状況分析では、生徒の体験は基盤にはあるが全部ではない。ときには体験を中心に自由に語らせることもよいのではないかと思う。状況把握力とともに価値意識にいろいろな刺激を与えることができるのではないだろうか。

②　道徳的実践につながる活動

生徒の「あいさつ」体験談は多くの課題を提起している。資料のときのような焦点化はなく内容も拡散しているが、生徒はこのような拡散したものから自分が学ぶものを無意識に選ぶことができると思う。「あいさつ」指導は小さい頃から家庭でも学校でも継続している。各自の「あいさつ」体験をこのように顕在化することも実践意欲を育てるのではないだろうか。

③　小さな情報や遊びの導入

二時間目の「読み合う活動」にそれほどの制限を必要としないので、小さな情報や遊びを取り入れた。小学生の「あいさつ」の詩と坂村真民の「二度とない人生だから」の詩である。

小学生の詩の、「おはよう」「いただきます」「いってきます」「ありがとう」「ごめんなさい」「おやすみなさい」と、「目がさめる」「おなかがすく」「げんきにいける」「きもちがいい」「ほっとする」「いいゆめみられる」をバラバラにして、生徒たちにできるだけ早く詩を完成させる。正解は小学生の福島くんのとおりでなければいけないことを予告。正解した生徒には「まだまだ、やさしい小学生の感覚がある」などのコメントをして楽しむ。

坂村真民の詩は、二度とない人生だからお互いの出合いを大切にしようというメッセージが根底にあると思う。お互いにこの詩のような心で挨拶ができるようになりたいという願いを込めて、生徒たちの体験談の余白に一節ずつ紹介した。「読み合う活動」が情報過多になることは避けながらも、どこかに遊びがあってもいいのではないかと思う。通常の「読み合う活動」でも、筆者の顔写真や参考資料の本の表紙や生徒のカットを印刷したり、関連する新聞記事の切り抜きを紹介したりすることもある。

あいさつ

「おはよう」というと　目がさめる
「いただきます」というと　おなかがすく

「いってきます」というと　げんきにいける
「ありがとう」というと　きもちがいい
「ごめんなさい」というと　ほっとする
「おやすみなさい」というと　いいゆめみられる
あいさつってうれしいな
（福島圭一郎くんの詩「あいさつ」）

二度とない人生だから

二度とない人生だから
一輪の花にも　無限の愛をそそいでゆこう
一羽の鳥の声にも　無心の耳をかたむけてゆこう

二度とない人生だから
一匹のこおろぎでも　ふみころさないように心してゆこう
どんなにか　よろこぶことだろう

二度とない人生だから
一ぺんでも多く　便りをしよう
返事は必ず書くことにしよう

二度とない人生だから
まず一番身近な者たちに　できるだけのことをしよう
貧しいけれど心豊かに接してゆこう

二度とない人生だから
つゆくさのつゆにも　めぐりあいのふしぎを思い
足をとどめてみつめてゆこう

二度とない人生だから
のぼる日　しずむ日　まるい月　かけてゆく月
四季それぞれの　星星の光にふれて　わがこころをあらいきよめてゆこう

二度とない人生だから
戦争のない世の実現に努力し
そういう詩を一篇でも多く　作ってゆこう
わたしが死んだら　あとをついでくれる　若い人たちのために
この大願を書きつづけてゆこう

（出　典　副読本『中学生の道徳二　自分を考える』暁教育図書株式会社）

5　授業「ご挨拶のすすめ」の指導上の留意点

① できるだけ多くの事例を紹介する。

普通、「読み合う活動」で取り上げる生徒の感想文や課題文は、少ないときで四例、多いときでも一〇例くらいである。生徒たちの社会的相互作用を機能させるためには、取り上げる内容の選択や数量の制限が必要である。しかし、生徒たちは、自分の文章が取り上げられることを期待している。このことに十分な配慮が必要であろう。

今回のように、特定の新しい見方や考え方に焦点をあてる必要がないときは、できるだけ多くの事例を紹介することができる。前記の八例だけでなく、一年A組では一六例、一年B組では一三例を紹介した。

どの授業でだれの感想文を取上げたか記録して、どの生徒も一学期に少なくとも一回は選ばれるようにしている。

② 生徒の直筆を印刷する。

生徒の感想文や課題文はすべて直筆を縮小しコピーして印刷するようにしている。紹介される内容が生徒の内容のままであることを生徒にも納得してもらうためである。

生徒には鉛筆を使わせているが、最初の頃は字が小さかったりうすかったりしたが、次第に大きな濃い字を書くようになる。誤字はその部分を修正して印刷する。印刷のために内容を変更しないで書き直させることもある。直筆は、印刷した文字とは比較できないほどの刺激的な情報を生徒に与える。

第五章　芥川龍之介『蜘蛛の糸』の授業

はじめに

道徳の授業にも、他の授業と同じように、その円滑な展開のためにいろいろな枠組みがいつのまにかできている。導入される資料だけでなく、一主題にかける時間や授業のねらいの内容についても制約があるように思う。私たちが実際に授業をするとき、資料によってはこのような制約にとらわれずにじっくり取り組んでみたいと思うことがある。本章の芥川龍之介『蜘蛛の糸』の授業展開はそのような取り組みをまとめたものである。

「くもの糸」として小学校の道徳授業で用いられる芥川龍之介の『蜘蛛の糸』を、私はいままで道徳資料として使うことができなかった。というのは、自己中心性の否定だけを主題にすることも、人間の弱さをベースにした人間理解だけを主題にすることもできなかったからである。

このような私の見方を変える文献に最近出合うことができた。芥川龍之介の『蜘蛛の糸』の典拠と推測されるポール＝ケーラスの「教訓」の内容である。この「教訓」をそのまま中学校の道徳授業に導入することはできないが、この「教訓」が示している内容を、「生き方」の指針として解釈し構成する拠り所にすれば、『蜘蛛の糸』は道徳資料として扱うことができるのではないかと考えた。

第一節の「自己中心性の克服を展望した授業展開」はこのような考えのもとに実践した授業である。第二節の「自己中心性を日常の事例をもとに理解する授業展開」は第一節以前に実施したもので、資料の扱いがまったく異なる展開である。

どちらの授業も従来の枠組みにこだわってはいないが、中学生のための道徳授業はどうあればよいか、よりよい生き方の指針をどのように獲得させればよいかという基本的なところは共通している。どちらも書く活動を中心にした授業展開なので、生徒たちのそのときどきの見方、考え方はほとんど文章化されており、今後の展開の比較資料として活用できるのではないだろうか。

第一節　自己中心性の克服を展望した展開

1　『蜘蛛の糸』の主題

こんなに
おおきな
地球の上で
あなたに

出会えて
よかったな

虹のむこうまで
いっしょに歩こう

この詩は、二年生が新入生のために見つけたもので、入学式のときに大きな墨字で掲示していた。在校生と新入生、生徒と教師、たくさんの人々との出会い、すべての出会いは時空のひろがりの中で起こった出来事である。その一つひとつがこの詩のようでありたいと誰もが願う。しかし、誰もがもっている自己を貫徹しようとする根源的な欲求のまえに、この願いが脆くも崩れ去る現実にも直面させられる。自己貫徹と自他の共存という両立しそうにない二つの内容にどのように対処すればよいのであろうか。一方を否定するだけでは問題は解決しないし、両立を願うだけでも問題は解決しない。中学一年生にとっても中学生なりの取り組みが考えられねばならないのである。

新潮文庫『蜘蛛の糸・杜子春』の巻末にある吉田精一氏の解説は、芥川龍之介の『蜘蛛の糸』の典拠になったであろうと思われる作品について紹介されていた。ポール＝ケーラス(一八五二―一九一九)の『カルマ』(KARMA)の中におさめた『蜘蛛の糸』(The Spider Web)である。この「The Spider Web」には、芥川龍之介の『蜘蛛の糸』にはない「教訓」がついていたとのこと、さらにトルストイがこの『カルマ』の翻訳にあたってその「解釈」をまとめていたことがそれぞれの内容と共に紹介されていた。さらにポール＝ケーラスや芥川龍之介の『蜘蛛の糸』とそっくりの話が、ロシアの民話としてドストエフスキーの『カラマーゾフの兄弟』第七編の第三に「一本の葱」として取り上げられていることもわかった。

① ポール＝ケーラスの「教訓」の内容

カンダタの心には個我のイリュージョンがまだあった。彼は向上し正義の尊い道に入ろうとするまじめな願いの奇蹟的な力を知らなかった。それは蜘蛛の糸のように細いけれども、数百万人の人々をはこぶことができる。そしてその糸をよじのぼる人々が多ければ多いほど、その人々の努力は楽になる。しかしいったん人間の心に「これは私のものだ。正しさの幸福をひとりじめにして、誰にだってわけてやるまい」という考えがおこるや否や、糸は切れて、人はもとの個々別々の状態におちてしまう。利己主義は呪いであり、真理は祝福である。地獄とは何だろう。それは利己心に外ならず、涅槃は公正な生活のことなのだ。

② トルストイの「解釈」の内容

悪をさけて福を得ることはただ自己の努力に依るほかないということ、自己の個人としての努力をよそにして自己ないし一般の福を得るような方法はない、またあるはずがないという例の真理の説明である。そしてこの説明の特にすぐれているのは、そこに、個人の福祉はただそれが一般の福祉である場合にのみ真の幸福であるということが示されている点である。地獄からはい出して来た泥棒が、自己一身の幸福を願い始めるや否や、たちまち彼の幸福は幸福であることを止めて、彼は破滅してしまった。この物語はあたかも、キリスト教に依って啓示された二つの根本的真理―生命は個人の否定の中にのみある、即ち生命を捨てるものが生命を得るのであるということと、人々の幸福はただ彼等の神との結合にあり、神を通して相互の結合(略)ということについての真理を、新しい側面から照らし出しているように思われる。

③『カラマーゾフの兄弟』の中の「一本の葱」

「あのね、アリョーシャ」突然グルーシェニカが、アリョーシャの方に向き直りながら、神経質な笑い声をたてた。「あたし、ラキートカには葱をあげたことがあるなんて威張ってみせたけど、あなたには自慢しない。あなたには別の目的で話すんだわ。これはただの寓話なの、でもとてもいい寓話よ。まだ子供のころにあたし、今うちで料理女をしているマトリョーナからきいたの。あのね、こういう話。

『昔むかし、一人の根性曲がりの女がいて、死んだのね。そして死んだあと、一つの善行も残らなかったので、悪魔たちはその女をつかまえて、火の池に放りこんだんですって。その女の守護天使はじっと立って、何か神さまに報告できるような善行を思いだそうと考えているうちに、やっと思いだして、神さまにこう言ったのね。あの女は野菜畑で葱を一本ぬいて、乞食にやったことがありますって。すると神さまはこう答えたんだわ。それなら、その葱をとってきて、火の池にいる女にさしのべてやるがよい。それにつかまらせて、ひっぱるのだ。もし池から女を引きだせたら、天国に入れてやるがよいし、もし葱がちぎれたら、女は今いる場所にそのまま留まらせるのだ。

天使は女のところに走って、葱をさしのべてやったのね。さ、女よ、これにつかまって、ぬけでるがいい。そして天使はそろそろとひっぱりはじめたの。ところがすっかり引きあげそうになったとき、池にいたほかの罪人たちが、女が引き上げられているのを見て、いっしょに引きだしてもらおうと、みんなして女にしがみついたんですって。ところがその女は根性曲がりなんで、足で蹴落しにかかったんだわ。「わたしが引き上げてもらっているんだよ、あんたたちじゃないんだ。これはわたしの葱だ。あんたたちのじゃないよ」女がこう言い終わったとたん、葱はぷつんとちぎれてしまったの。そして女は火の池に落ちて、いまだに燃えつづけているのよ。天使は泣きだして、立ち去ったんですって』
これがその寓話よ、アリョーシャ、そらで覚えているわ、だってあたし自身が根性曲りのその女なんですもの。ラキートカには、葱をあげたことがあるなんて威張ってみせたけど、あなたには別の言い方をするわ。あたしは一生を通じて、あとにも先にもその辺の葱を与えただけなの、あたしの善行はたったそれだけなのよ。

（出　典　ドストエフスキー著、原卓也訳『カラマーゾフの兄弟』新潮文庫、一九七八年）

④　芥川龍之介『蜘蛛の糸』の最後の場面

御釈迦様は極楽の蓮池のふちに立って、この一部始終をじっと見ていらっしゃいましたが、やがてカンダタが血の池の底へ石のように沈んでしまいますと、悲しそうな御顔をなさりながら、又ぶらぶら御歩きになり始めました。自分ばかり地獄からぬけ出そうとする、カンダタの無慈悲な心が、そうしてその心相当な罰をうけて、元の地獄へ落ちてしまったのが、御釈迦様の御目から見ると、浅ましく思召されたのでございましょう。

芥川龍之介著『蜘蛛の糸』は ⓐ「どんな罪人にも慈悲の心がある」、ⓑ「それによって人間は神仏に救われ得る」、ⓒ「しかしまた自分ひとりだけよい目にあおうとするエゴイズムが、結局は他の人々を救われないものにするとともに自分をも破滅させる」ことを扱っている。ロシアの民話「一本の葱」もまったく同じだと考えてもよいのではないだろうか。

ケーラスの「教訓」は、「しかしまた自分ひとりだけよい目にあおうとするエゴイズムが、結局は他の人々を救われないものにするとともに自分をも破滅させる」とⓒの内容を厳しく確認したあとに、「カンダタの心には個我のイリユージョンがまだあった。彼は向上し正義の尊い道に入ろうとするまじめな願いの奇蹟的な力を知らなかった。それは蜘蛛の糸のように細いけれども、数百万人の人々をはこぶことができる。そしてその糸をよじのぼる人々が多ければ多いほど、その人々の努力は楽になる」と「奇跡的な力の存在」を加えた。トルストイの「解釈」は、「個人の福祉はただそれが一般の福祉である場合にのみ真の幸福であるということの示されている点であります」とⓒの内容に自分の解釈を加えた。

ポール＝ケーラスの「向上し正義の尊い道に入ろうとするまじめな願いの奇蹟的な力を知らなかった」のはカンダタだけであろうか。『カラマーゾフの兄弟』の「これがその寓話よ、アリョーシャ、そらで覚えているわ、だってあたし自身が根性曲りのその女なんですもの。ラキートカには、葱をあげたことがあるなんて威張ってみせたけど、あなたには別の言い方をするわ。あたしは一生を通じて、あとにも先にもその辺の葱を与えただけなの、あたしの善行はたったそれだけなのよ」というグルーシェニカと同じように、私たちも「蜘蛛の糸」をどうしようもない私たちの愚かさだけを示したものと受け止めていたのではないだろうか。

私たちには「奇跡的な力の存在」をどの程度予見することができるのだろうか。このような「奇跡的な力の存在」を知らされたに過ぎないけれど、このような視点も加えながら『蜘蛛の糸』を道徳の資料に使ってみることにした。ケーラスの「教訓」を直接生徒に伝えることはできないが、このような見方や考え方があることを前提に授業を組み立てることはできるのではないかと考えた。

2　『蜘蛛の糸』の感想文

素朴なグルーシェニカからトルストイまで、いろんな受け止め方がされる『蜘蛛の糸』を生徒はどのように読むのだろうか。自由に感想をまとめさせることにした。

小学校のときの「くもの糸」ではなく、『蜘蛛の糸』の全文なので、一時間目は字句説明や朗読に取り組ませ、芥川龍之介の流麗な文体を経験させた。二時間目に一時間かけて感想文を書かせた。感想文の書き方はいままでと同じように、全体の感想でなくて最も心を動かされたところを決めて書くようにした。生徒はどの部分に注目して感想をまとめるかを記述して書き始めている。

① 生徒の感想文の内容

1 「小さな命」（視点1のア）

私は、カンダタの行為が一番印象深かった。人を殺したり家に火をつけたり悪事を働いた大泥棒だけれど、蜘蛛を殺さずに助けたところをみるとすこしホッとした。特にカンダタが言った言葉に驚きはしたけれどうれしくもあった。そして、自分は小さな命を助けたことが一度でもあるだろうかと考えてみた。正直に言うと、あまりないような気がする。やっぱりカンダタは悪事ばかり働く罪人だけではなく、命を大切に思う良いところもあるのだなあと思った。だけれども、いくら蜘蛛を助けたからといって、人を殺したりして許されるとは思われない。このことを考えると、御釈迦様がどうしてカンダタを救い出そうと考えたのか疑問に思った。

2 「御釈迦様の気持ち」（視点1のイ）

「蜘蛛の糸」の中で、御釈迦様はなぜカンダタだけを助けようとしたのだろうか。地獄には罪人がたくさんいるが、その中でカンダタだけが小さな命を救ったとは思えないが、御釈迦様が他の者に目が向かなかったのは

表1　本文の中で生徒が注目した個所

	本文中で生徒が注目した個所	人数	%	生徒の着眼点
ア	カンダタと云う男は、…悪事を働いた大泥棒でございますが、それでもたった一つ、善いことを致した覚えがございます。	14名 20%	39%	**視点1** 御釈迦様がカンダタを救い出してやろうと考えた。
イ	それだけの善いことをした報いには、できるなら、この男を地獄から救い出してやろうと御考えになりました。	12名 17%		
ウ	たまに聞こえるものと云っては、唯罪人がつく微かな嘆息ばかりでございます。	1名 1%		
エ	「こら、罪人ども。この蜘蛛の糸は己のものだぞ。お前たちは一体誰に尋いて、のぼって来た。下りろ。下りろ」と喚きました。	21名 30%	42%	**視点2** 下りろ、下りろと喚いた途端に糸がぷっりと断れた。
オ	その途端でございます。今まで何ともなかった蜘蛛の糸が、急にカンダタのぶら下がっている所からぷっつりと音を立てて断れました。	8名 11%		
カ	後には唯極楽の糸が、きらきらと細く光りながら、星もない空の中途に、短く垂れているばかりでございます。	1名 1%		
キ	御釈迦様は…カンダタが血の池の底へ石のように沈んでしまいますと、悲しそうな御顔をなさりながら、又ぶらぶらと御歩きになりはじめました。	1名 1%	13%	**視点3** カンダタが無慈悲な心に相当する罰をうけるのを見つめる御釈迦様
ク	無慈悲な心が、そしてその心相当な罰をうけて、元の地獄へ落ちてしまったのが、御釈迦様の御目から見ると、浅ましく思召されたのでございましょう。	7名 10%		
ケ	極楽の蓮池の蓮は、少しもそんなことには頓着致しません。…極楽ももう午に近くなったのでございましょう。	1名 1%		
コ	注目した箇所が記述されていない。又は、注目箇所がいくつかあって、一つに決められない。	4名 6%	6%	

なぜか。御釈迦様はなにかと気まぐれだったと思う。

　虫を殺さないについても日常生活ではよくあることだ。家にゴキブリがいてそれを殺さずに助けてやるなどほとんどないことだ。虫を殺さないだけで助けるなど御釈迦様は甘いと思った。

3　「後悔」（視点1のウ）
「たまに聞こえるものと云っては、唯罪人がつく微な嘆息ばかりでございます」について考えてみたい。

地獄の底の血の池にいる人は、みんなカンダタのように人を殺したり家に火をつけたりするような人たちばかりで、そこにいるのがとてもきついようなところだろうと思う。ここに来るまでは悪いことばかりしてきた罪人たちだが、この地獄の底の血の池にきて初めて自分のしたことに気付き、自分の行動を後悔し嘆息ばかりついていたのだと思います。自分自身についても、行動してしまってから気付いても遅く、やっていいことなのかやってはいけないことなのか考えながら行動したいと思いました。

4　「私の心」（視点2のエ）
カンダタが「この蜘蛛の糸は己のものだぞ。お前たちは一体誰に尋いて、のぼって来た。下りろ。下りろ」と言ったら蜘蛛の糸はぷつりと切れてしまいました。そしてカンダタはまた地獄の底に落ちてしまいました。

私はこの文章を読んだとき、私だったらどうするかと考えました。私だったら他の人を登らせないように途中から糸を切るだろうと思った。だって、心細い地獄に突き落とされてから疲れきっていたところに、極楽の銀色の蜘蛛の糸が来てくれたのだから。せっかく来た細い細い蜘蛛の糸が他の人が登ったために切れてしまったら絶対にイヤだし。私が、『蜘蛛の糸』の感想を書きながら思ったことは、私はしょせんその程度の人間なのかということだった。

5　「考えたこと」　（視点2のエ）

私がはじめに思ったのは、「何でこの人はこんなに自己中になってしまったのだろう」ということだった。人間こういう時になったら自分が一番になってしまうのかと少し悲しくなりました。でも結局このカンダタも地獄に落ちてしまうわけですが、実際自分のことばかり考えていたらどうなるのだろうか、やっぱりカンダタみたいに暗いところに落ちてしまうのかなあと思った。

6　「きびしいなあ」　（視点2のエ）

「こら、罪人ども。この蜘蛛の糸は己のものだぞ」とわめいたとき、この人はどうして自己中心的な性格なんだろうと思った。しかし、何度も読んでみると、人はみなそうなのかと思った。どんなに心の広い人でも自分の命の方が大切だと思うので、つい言ってしまったのだと思った。そして、極楽に行くのはとても厳しいことだなと思った。何万里もあるところを一生懸命にのぼっていたのに、ちょっと悪いことを言った途端に地獄に落とすなんてきびしすぎると思った。

7　「本当の罪人」　（視点2のオ）

カンダタは蜘蛛の小さな命を助けてあげたのだから、他人のことを思うこともできたはずだ。でも、カンダタは自分だけこの苦しみから助かろうという気持ちに心を奪われて、他人のことを考えずに行動した。自分も助からなかったし、もちろん他の人も助からなかった。

　カンダタは蜘蛛の小さな命を助けるくらいのやさしさを持っているのに、なぜその時は考えられなかったのだろう。罪人といってもカンダタ自身も罪人なのに、自分と同じような罪を持った人々を助けられないという心の持ち主こそ、本当の罪人なんじゃないかなと思う。

8　「罰が当たるよりも」　（視点2のオ）
　カンダタが他の罪人に「下りろ」と言ったために糸が切れてしまった場面が一番考えさせられたと思う。カンダタの自分が助かりたいという気持ちはよく分かる。しかし、自分も助かりたいと思っている他の罪人の心を考えてあげていたら、糸は切れなかったのだ。つまり、この場面からは、「自分だけいい思いをしようと思い、他の人の気持ちを考えなかったら、自分にとってもいいことがなくなる。だから、いつどんな時にでも、人の気持ちを考えることを忘れてはいけない」という作者の気持ちが読みとれると思う。

　他の人の気持ちを考えず、自分勝手な言動をする人にはなりたくない。後で罰が当たるよりも、人から好かれ感謝された方が気持ちがよい。この話から考えたことはずうっと心に留めておいて、使うべき時に使っていこうと思う。

9　「みんなの心の物語」　（視点2のオ）
　あの蜘蛛の糸はどうしてあれだけの重みに耐えることができたのかというのが僕の疑問です。何千人もの人の重みに耐えられた一本の糸。これはカンダタの心の糸だと思う。たくさんの悪いことをやってきた彼でも極楽に行こうと一生懸命に努力した。そのがんばりが糸を保たさせたのだと思います。

しかしながら罪人たちがたくさんのぼってきたときに自分だけが幸せになりたいという思いが思わず出てしまって「糸は自分のものだ」と言ってしまった。そのとき、なぜかカンダタの心の糸がプツリと切れてしまった。

僕も同じようなときには同じようなことをするのではないだろうか。人間は究極の危機に追い詰められると何でもするのではないだろうか。この話は不気味で恐ろしい話だと思う。

10　「欲望の選択」（視点2のオ）

私は蜘蛛の糸が切れるところに注目しました。蜘蛛の糸は本当はとてももろくて切れやすいのに、どうして数限りもなく罪人たちがつかまっていられるのだろうという疑問です。恐らくカンダタや罪人たちは、ただ助かりたいという欲望だけで登っていったのだと思う。そのとき、蜘蛛は自分を殺さずに生かしてくれたカンダタへの感謝をこめてこの糸をたらし続けたのだと思う。しかしながら、カンダタの欲望は途中から自分だけ助かりたいという自己中心的なものに変わってしまった。蜘蛛はたらし続けた糸を意図的に切ったのだと思う。でも人間だれでも危険な立場に立ったとき「自分だけ助かりたい」という欲望は必ず出てくるものだろう。しかし自分だけ助かろうと思わずに皆で助け合っていくことも大切なことだと思う。

11　「月も星もない空なんて寂し過ぎる」（視点2の力）

「後には唯極楽の蜘蛛の糸が、きらきらと細く光りながら、月も星もない空の中途に、短く垂れているばかりでございます」の文が私の心をとらえた。

この物語を読み始めた時は、悪いことをしたものが悪いのだという思いだけが胸の中にありました。だけれど、ここにくるとなんて寂しいんだろう、なんて可哀相なのだろうと思えてきました。カンダタはもしかしたら自分を表現することが下手だったかもしれないし、考える時間が足らなかったかもしれない。悪いことをして当然の報いを受けるのは当然だろうけれど、また同じ地獄に放り込んで、月も星もない空なんて、まじめな反省もできない。これからの希望も持てたかもしれないのにそれもできない。そんなところに放り込むなんて私は納得ができません。

12　「人間とは」　（視点3のケ）

僕にはこの物語がよいのか悪いのか分からない。けれども人間の心理を「ズバッ」と突いているのはたしかだ。カンダタが蜘蛛の糸を登っている時だって、あんな地獄のようなところにいれば自分だけでも助かりたいと思うのは当然だと思う。だからあのようなことを言ってしまったのだ。そして蜘蛛の糸は切れてしまった。どちらにしろ、極楽は何も変っていなかったというところに、人間というものの小ささを感じる。

②　生徒の感想文の分析

〈生徒たちの関心は二つに分かれる〉

集計結果から考えられることは、「御釈迦様がカンダタを救い出してやろうと考えた」ところと、「下りろ、下りろと喚いた途端に糸がぷっつりと断れた」ところにほぼ二分されている。「下りろ、下りろと喚いた途端に糸がぷっつりと断れた」に注目するのは予想した通りであるが、「御釈迦様がカンダタを救い出してやろうと考えた」に注目した生徒の割合が多いのは意外だった。私たち大人は『蜘蛛の糸』を後者を中心にして考えてしまうが、生徒は前者にも同じくらい関心を示す。

小学生の頃の自分を振り返ってみると、カンダタが一匹の蜘蛛を助けたことで御釈迦様が糸をたらすところをしっかりと覚えていたことが思い出される。「一本の葱」を語ったグルーシェニカの素朴な感性と共通するもので、平凡に生きる私たちはいつも救われることを願う存在なのかもしれない。

〈「喚いた」の方が「断れた」より注目度が高い〉

「下りろ、下りろと喚いた途端に糸がぷっつりと断れた」では、「喚いた」行為の方が「断れた」結果より注目度が高い。自己中心的な行為の結果がもたらす悲劇性をもとにして自己中心性を考えるよりも行為そのものに注目するようだ。行為の結果やその悲劇性について真剣な考察を始めるのは、このことが自分の切実な課題になった時かもしれない。中学生はまだまだ切実な課題として意識していないのかもしれない。

行為に注目するか結果に注目するか、この部分に関しては、中学一年生だけでなく、中学三年生や高校生や大学生の反応と比較すると特徴が見えてくるかもしれない。

〈生徒の自己中心性の容認について〉

カンダタのような行為を容認する内容が多い。感想文4、5、6、11、12をつなぐと、「自分がカンダタの立場だったらどうすればよいのだろう」「たぶん自分も同じようにするだろう」「人間は誰でもそうなのではないだろうか」「しょせん自分はその程度の人間なのだ」「それにしてもこのような罰は厳し過ぎる」となる。他の生徒の感想文も次のように容認している。「僕も独り占めしたいとき他の人がついて来たりすると、やっぱりカンダタみたいな行動をすると思う。だって自分のたった一度のチャンスなのに逃がすとガックリする。こういうような場面のことは、すこし苦手だなあと思った」「あのときカンダタは、どうすればよかったのだろうか。御釈迦様に聞いてみたい」「しかし、自分のためなら他人はほっておこうと思うのは、生きている以上誰でも一度は経験することだと思う」「私もたぶん一人だけ先に行くような気がする」と。

カンダタの自己中心性を、究極の場面という条件のもとで安易に容認をしているようにもみられる。このままだったら、日常的な場面においても自己中心性を安易に容認することにもなりかねない。

〈ポール＝ケーラスの「教訓」を予見させる感想〉

「教訓」の「彼は向上し正義の尊い道に入ろうとするまじめな願いの奇蹟的な力を知らなかった」は、「向上し正義の尊い道に入ろうとするまじめな願いの奇蹟的な力が存在する」ことを示唆している。しかしながら、大多数の私たちは、このことに気付くことができないのではないだろうか。

感想文９と10を「教訓」をもとにして読むと、自己中心的なものが入りこまない、入りこめない状況における「奇跡的な力」の存在を予測しているように思える。ケーラスのような確かな信念ではないかもしれないが、自己中心性が入る余地のない状況が存在することを生徒なりに予測している。「奇跡的な力」は存在しないという否定より肯定に近い見方をしている。

〈自己中心的な行為の結末が厳し過ぎるという意見〉

このような究極の状況では自己中心的な行為は是認されるべきだ、更正のチャンスは与えられるべきだという見方は、現代社会の一つの見方かもしれない。しかし、どことなくこの問題を他人事として見ているようにも思われる。自己中心的な行為をしてしまった自分や、他者の自己中心的な行為を受ける自分やまわりの人々について考えようとする切実な課題にはなっていないところがみえる。自分の考えを大胆に述べているところは評価できる。

〈自己中心的な行為は自他ともに破滅することに着目する〉

自己中心的な行為の結果は、カンダタの自滅という結果だけでなく自他ともに破滅するところに着目している。自分だけでも助かろうとすることが結局自他ともに破滅することについて、自明のようでありながら、このことを自覚できるかどうかは大変むずかしい。ここを文章にしたのは7と8である。他者は排除して自分だけは目的を達成しようとすることが、他者だけでなく自分も破滅するというメッセージを客観的にとらえている。

〈生徒のまじめな迷いについて〉

感想文1に代表される「どんな罪人にも慈悲の心がある」は、どの生徒も肯定的な受け止めている。「それによって人間は神仏に救われ得る」については、感想文2のように疑問を抱いたやや否定的な受け止め方が多い。生徒の成長によって見方が変わるところかもしれない。

さらに生徒の感想文には、まじめな迷いがそのまま表れている。。

「私がカンダタのようになったら、すごく悩んでいると思います。一人だけ助かるのも辛いし、まわりの人を助けないというのもとても悪いと思います。だから、私はこれからもこの問題について悩み続けると思います」「もしかしたら人生の分かれ道だったかもしれない。私がこんな立場だったら……と、これから考えていこう」と。

「カンダタは一つの助かる道を自分でつぶしてしまったのだろうか」、「たった一つの良いことをすることも大切なのだが、自分が生きるか死ぬかというときに、相手のことを少しでも考えられるかどうかが大切なのではないかと思いました」、「私は、自分だけ地獄から抜け出そうとしたから卑怯だという見方、御釈迦様は浅ましいという見方。浅ましいを辞書で引いたら、余りにもひどくて、見るに堪えない様子。みじめ。品性が下劣で一緒に居るのがいやな感じ。嘆かわしいとあった」、「ぼくは、カンダタはすごく不幸だと思う。カンダタでなくても、何百何千も罪人がのぼってくるといくらやさしくても言ってしまう。だが御釈迦様は何もしなかった」。

このような真面目な迷いを自己課題として意識させるだけでよいのだろうか。

③　授業の目標の考察

〈自己中心性の否定のメッセージだけの授業は成立しない〉

私がいままで『蜘蛛の糸』を道徳の資料にできなかった理由は、自己中心性否定のメッセージだけの授業は成立しないだろうと考えていたためであった。

中学生の感想文からも、自己中心性を容認するかどうか迷いの状態におかれていることがわかる。それに対応するどのような情報もないとしたら、自分にできないものは他者に要求できないと考えて容認にむかうのではないだろうか。カンダタのような究極の状況における容認が、次第に日常場面の安易な容認にもむかう危険性も含んでいるのではないだろうか。

〈自己中心性そのものを考察の対象にする〉

自己中心性は否定されるべきものとして、簡単に適当に扱われてきたのではないだろうか。日頃からこの厄介な自己中心性そのものを正面から考えようとしていれば、『蜘蛛の糸』の見方も変わったのではないだろうか。

自分のためになると思って他者を排除したことが、自分のためになっていないということは真実かどうか、具体的に追究してみる必要があったのではないだろうか。このままでは、自己中心性の否定は他者のため公共のためにだけ考えられるものという見方や考え方だけになってしまう。他者のため公共のための中に自分自身が十分に関わっていることをどのように理解させ実感させるかそれほど簡単ではない。中学一年生には一年生なりの方法で、この問題に取り組ませるべきだと思う。

〈自己中心性にかかわる具体的な状況把握や状況分析をさせる〉

カンダタにかかわる具体的な状況把握や状況分析をもとにして、生徒の新しい見方や考え方を育たせることができるのではないかと考える。

生徒たちは、カンダタの心情や判断や行為について、「カンダタはまあまあ良い人間なのかもしれない。あんなに悪いことばかりしているカンダタだって良心は必ず宿っているということを知りました」「それにしてもカンダタは自己中心的だったかもしれない」「カンダタが蜘蛛を助けたのは心からの行為かそれとも気紛れなのか分からない。それでも御釈迦様は助け出そうとした」といろいろな状況を想定している。このような生徒たちの状況把握力を活かして、自己中心的な行為の背景を具体的に把握するような活動に課題として取り組ませることが必要だと思う。

〈自己中心性の克服を自己課題にする指導を加える〉

自己中心性の内容がすこしずつ見えてくると、これが必ずしも解決不可能なものでもないこと、自分自身でも納得できれば自己中心性を克服できるかもしれないという意識も育ってくる。

中学生は中学生なりの納得が必要であろう。成績順位や目先の優位だけにこだわって友だちをライバルとしてしか考えなかったこと、一緒に勉強し教え合っていたらどんなに学力がついただろうか、どんなに楽しかっただろうかと、生徒なりにいろいろな経験を呼び起こすことができるはずである。

3 「蜘蛛の糸」の授業目標と課題の設定

① 「蜘蛛の糸」の授業目標

「カンダタについて、新しい状況把握や状況分析に取り組ませる課題」をもとに、「自己中心性の内容理解を深める」ことを直接の目標にし、「自己中心性を安易に容認することを見直し、自己中心性の克服を自己課題として意識させる」ことを主目標にする。直接の目標は時間単位の目標で、主目標は学年を超えた年間計画にかかわる目標である。

② 課題の設定

「カンダタはどうしてあのような言葉しか言えなかったのか、どうして一緒にのぼっていこうという気持ちになれなかったのか、その理由を考えてみよう」という課題を次のような文章にして与えた。

課題

あの人たちのためにこの糸が切れるかもしれないというカンダタの恐怖や怒りは、私たちも十分に推測することができます。しかしながら、あの人たちも私と同じように地獄から抜け出そうと一生懸命なのだ、だれも自分の幸せのために懸命なのだ、この糸が断れないように祈ろう、信じよう、応援できないかもしれないが見つめていようという気持ちや判断はできなかったのでしょうか。再び地獄に落ちてしまった結末から考えても、こういう気持ちや判断ができたら、カンダタだけでなく回りの人も幸せになれたのに、と思うのです。

そういう気持ちや判断はカンダタにはできないときめつけてしまわないで、カンダタにはどうしてできなかったのだろうかとじっくり考えることは、私たちの生き方にもつながる大切なことがふくまれていると思います。

大泥棒のカンダタですが、地獄から抜け出ようとする向上心も根性もある人ですし、深い林の中の小さな蜘蛛にも心をうごかすことができる人なのです。

①　いままでの見方、考え方を揺さぶる問題提起

生徒たちの大多数は、あのような究極な場面では、カンダタのような行為は仕方がないと思っているのだから、どうしてあのような行動をしたのかという考察はしていないに違いない。そのような生徒たちに対する「どうしてあのような言葉しか言えなかったのだろうか」という問いは、カンダタに別の行為や別の選択の余地があったかもしれないという揺さぶりをかける問いである。

②　自己中心的な行為の背景を理解する問題提起

「どうしてあのような言葉しか言えなかったのだろうか」という問いの解答を『蜘蛛の糸』から直接求めることはできない。生徒は、いままで経験した様々な人間観察を呼び起こして、自己中心的な行為に至る人間の心理や原因や結果を考えるのではないだろうか。自分もできないことなのでという理由だけでカンダタの行為を容認することに再考を促すのである。そのような結果、生徒の結論がカンダタの行為の容認になったとしても、これから深化し発展していく過程の中での結論だと思う。

③　授業の直接のねらいが生徒には見えていない

「どうしてあのような言葉しか言えなかったのだろうか」という問いからは、自己中心性の容認を転換させるという授業のねらいも、自己中心的行為を克服する手立てがあるという情報も見えてこない。自己中心性を考える操作的な課題である。学級で同じ課題に取り組み、その成果を学級全体で共有することによって、「自己中心性の内容理解を

深める」ことと「自己中心性を安易に容認することを見直し、自己中心性の克服を自己課題として意識させる」ことが次第に具体化することを期待するのである。

4　生徒の課題文の内容と分析

①　生徒の課題文の内容

生徒が考えた理由を三つに分類し、表2のようにまとめた。

1　「地獄の環境」（視点1のア）

私は、カンダタの理由を考える前は、カンダタは人の気持ちなんか分かる人間じゃないと決めつけていた。でも、考えてみるとカンダタがあのようにしてしまったのは、それまでいた地獄の環境と回りの人間がかかわっていると思う。地獄にいた罪人はカンダタと同じような心を持つ人間ばかりだと思う。

もし、カンダタが人間世界に住んでいたら、あんな間違った判断はしなかったと思う。人間世界は地獄の人たちみたいに自分のことで精一杯な人ばかりではなく心の広い人もいる。そんな人たちと混って生きていたら、カンダタもやさしい心を取り戻して正しい判断ができただろう。カンダタは地獄の中では根性を身につけることはできただろうが、人を思いやる心を人間界に落してきたのかもしれない。

関連する他の生徒の感想

「日も星もない真っ暗な闇の中にいたため人と助け合いながら生活するということを忘れてしまったのだ」「周囲から白い目で見られ、そういう自分が嫌になって悪事を繰り返したのだと思います。この悪循環が人を信用

表2　課題への生徒の反応

<table>
<tr><th></th><th>課題への生徒の反応</th><th>人数</th><th>％</th><th>生徒の着眼点</th></tr>
<tr><td>ア</td><td>地獄の罪人たちはカンダタと同じような心を持つ人間ばかりだった。</td><td>5名
7％</td><td rowspan="4">24％</td><td rowspan="4">視点1
カンダタ自身の人格や価値意識の中に原因を見出そうとした。そして、そのような人格を形成するにいたった原因を、カンダタの過去や環境や日頃の生き方と関連づけた。</td></tr>
<tr><td>イ</td><td>カンダタは日頃から人を愛することがなかった。人を憎んでいた。</td><td>8名
11％</td></tr>
<tr><td>ウ</td><td>カンダタは自分の罪を自覚し反省するようなことができなかった。</td><td>2名
3％</td></tr>
<tr><td>エ</td><td>御釈迦様のような純粋な美しい心を持っていれば助かったのに。</td><td>2名
3％</td></tr>
<tr><td>オ</td><td>怒りなら耐えることができる、でも、恐怖には耐えることができなかった。</td><td>8名
11％</td><td rowspan="4">27％</td><td rowspan="4">視点2
カンダタが直面した瞬間的な判断や行動の中に原因を見出そうとした。カンダタ自身に原因があると考えるより、人間に共通した一般的傾向として原因をとらえようとした。</td></tr>
<tr><td>カ</td><td>自分の周りを見ることができなかった。</td><td>9名
13％</td></tr>
<tr><td>キ</td><td>心配ばかりして、集中することができなかった。</td><td>1名
1％</td></tr>
<tr><td>ク</td><td>正しい気持ちを瞬時に働かすには、かなりな経験と努力が必要だと思う。</td><td>1名
1％</td></tr>
<tr><td>ケ</td><td>生きたい、しあわせになりたいという基本的な欲求がそうさせたのだ。</td><td>9名
13％</td><td rowspan="4">49％</td><td rowspan="4">視点3
カンダタだけでなく人間が誰でも持っている生存の欲求や幸福追求の欲望やなかなか抑制できない自己中心性に起因すると考えた。善悪併せ持つ人間性への理解を求めた。</td></tr>
<tr><td>コ</td><td>自分だけは助かりたいという願望がそうさせたのだ。</td><td>14名
20％</td></tr>
<tr><td>サ</td><td>やはり、人間は自分の自己中心性を克服することはできないのだ。</td><td>9名
13％</td></tr>
<tr><td>シ</td><td>御釈迦様も人間の心の中の隠れた暗いところもわかっていいのではないか。</td><td>2名
3％</td></tr>
</table>

することができなくて判断を間違えたのだと思います。カンダタは判断できないのではなくて、そのような判断をしたら自分や他の人がどうなるかを教えられていなかったのだと思います」「カンダタにはよい話し相手がいたらよかったと思う」「本当に心の広い人はいるはずだ。でも地獄に落ちてしまったカンダタのような人たちの中にいるとは思えない。カンダタはこれが一番良い判断だと思ったのだろう」

2　「日頃からの愛」（視点1のイ）

カンダタは日頃から人々への愛が全くなかったのだと思います。

自分がいまのような態度をとったら他の人は嫌だろうとか、自分がどうあればみんなが喜んでくれるだろうか安心してくれるだろうかと、日頃から行動する前に考えていればよかったのだと思う。

このような究極の場面で日頃から考えてもいないことができるはずがありません。日頃から行動を起こす前に考えていれば、あの一言は出なかったし地獄に落ちることもなかったと思う。人は愛されないと愛することができません。たくさんの愛をもらうと、それだけの愛を返すことができます。カンダタが人から愛をもらっていれば人を愛することができ、みんなに親切にできる人になっていただろうと思います。

関連する他の生徒の感想

「日頃のくせがでたのだと思う。日頃の行為がもうすこしよければ、別の判断ができたのだと思う」「日頃からみんなで協力し合い広い心を持っていれば、いざというときに役立つと思う」「カンダタは人を助けたのではなくて蜘蛛を助けたのだ。カンダタは人を殺したり物を取ったりしているのだから、人間に対してはどうでもよいと思っているのだ」「何らかの原因で人間を憎んでいたのではないだろうか」

3「カンダタの罪の自覚」（視点1のウ）

あのときの状況判断ができなかったというより、自分が犯した罪を自覚し反省し、罪のつぐないをきちんとしていなかった、できていなかったのだと思う。罪の自覚や意識があれば、「一緒に行こう」と言えたのではないかと思う。カンダタが感じた恐怖といってしまえば簡単だが、僕はカンダタに罪の意識が足りなかったのだと思う。

関連する他の生徒の感想

「カンダタは地獄に行って、もうすこし自分の気持ちや判断などを反省したり考えたりしていたら、地獄から出ることもできただろう」

4「心の中」（視点1のエ）

自己中心的なものは、この学年の七〇名がみんな持っていると思います。この学校を受験するとき自分だけが合格できれば良いと考えた人が多数いたと思います。校内の試験のときでも、相手は友だちなのに心の中ではあいつにだけは負けないぞというライバル心を持っている限り、私もカンダタの立場だったら地獄に落ちていたと思います。このライバル心をなくして、お釈迦様みたいな純粋な美しい心を持っていれば、きっと助かったと思います。

関連する他の生徒の感想

「やっぱりいい方法はない」「人間誰だって地獄なんかにいたくないのだ。やっぱり人のために勇気を出すことだ」「カンダタが勇気をふりしぼって、よい言葉をかけてあげればよかったと思います」

5　「カンダタの恐怖」（視点2のオ）

どうしてみんなで助かろうという判断ができなかったのだろう。いくら考えてもわからなかった。それでもやっと思い浮かべることができたのは課題の中の「恐怖」という言葉です。カンダタは「怒り」なら耐えることができただろう。でも「恐怖」には耐えられなかったのだと思う。どんなに心の強い人でも、これまでの自分の苦労が一瞬に消される恐怖に耐えることはできないと思う。

そして人間は闇を恐怖に感じる。その闇の中でいまにも切れそうな糸に自分はぶらさがっており、下からは何千という悪人がよじのぼってくる。糸が切れたらすべてが終わる。そんな恐怖に耐えられなかったと思う。

関連する他の生徒の感想

「カンダタはよほど地獄が苦しかったのだ」「地獄でひどい目にあっていたのだ。ただ怖かったのだ」「とてもあの苦しい地獄にもどりたくない。早くのぼらないとあの暗いさびしいところに戻ることになると思っていたのだ」

6　「自分のまわりを見ることができなかった」（視点2のカ）

カンダタは結局自分の回りを見ることができなかった人だと思う。回りを見ることができていれば、小さな蜘蛛を助けることもできるカンダタだから、極楽からおりてくる細い蜘蛛の糸を見つけることができるカンダタだから、幸せをつかむことができただろうに。自分を先にすることも大切なことだけれど、回りの人の気持ちも大切にして、その回りの人たちのことを忘れてはいけないと思う。それに気付く人と気付かない人で差ができてしまったのかもしれない。

関連する他の生徒の感想文言

「蜘蛛の糸を見てすごくうれしかったのだと思う。興奮し頭がパニックになっていたのだと思う」「この世の中でそういうところで冷静に考えられる人はいないのではないだろうか」「自分の幸せのためだけに懸命になる人もいるだろうが、落ち着いて回りを見まわせる人もいるのだろう」

7　「生きることに集中する」（視点2のキ）

カンダタは本当に地獄から抜け出たかったのだろうか。カンダタは自分が生きることに一生懸命だったのだろうか。自分がのぼり終えることに一生懸命だったのだろうか。糸が切れそうなのだから早くのぼることだけ考えればよいのに、余計な心配ばかりして集中していなかったのだ。どんなにわめいたって下の罪人には聞こえないし、聞こえてもそれでやめるような人たちではないのに。

8　「その気持ちを瞬時に働かせるには」（視点2のク）

カンダタには他の人を思う気持ちはあったのだと思う。だけれど長い間、地獄にいたためにその気持ちが働かずねむったままだったのではないだろうか。誰だって他の人のことを思う気持ちは持っている。しかし、その気持ちを瞬時に働かせるには、かなりの経験と努力が必要だと思う。

9　「欲望のない人はいない」（視点3のケ）

カンダタが他の人たちと一緒にのぼろうとしなかったのは、カンダタの中に「生きたい」という強い欲望があったからだと思う。こういう欲望は誰でももっている。そういうものが全くない人はいない。私だって、カンダタの立場だったら絶対といっていいほど同じようにしただろう。最初に『蜘蛛の糸』を読んだ時は、振り落とさなくても一緒にのぼっていったらいいじゃないかと思った。それは私がこの話を第三者の立場で読んでいたからだと思う。これも自分で自分を良く見たいという欲望だと思う。欲望というのは、これが自分の欲望なのだと自覚できるようなものではないのだろう。欲望なのだと分からないのが欲望なのだ。

関連する他の生徒の感想

「人間や動物に共通している『一生懸命生き抜こう』という本能なのだと思う」「自分が助かりたいという気持ちがいっぱいで、他のことを考えたり見回したりするゆとりがなかったのだ」「極楽に行きたいと願い、長い長い蜘蛛の糸をのぼろうと決心したのだ」

10　「この欲望を抑えられるかどうか」（視点3のコ）

カンダタはなんでも自分が一番になりたいと思うような性格だと思います。こういう気持ちは誰にもあると思います。でも、大切なときにこの欲望を抑えられるかどうかが問題だと思います。カンダタはそれができなかった。そのために自分まで地獄に落ちてしまった。後悔していると思う。カンダタがあんなことを言ってしまったのも、なんとなくわかる気がします。あんな時に落ち着いていられるような人はいないと思う。

関連する他の生徒の感想

「カンダタはゆっくり考えなかったために、自分の気持ちを優先させてしまった。でも、落ち着いて考えても罪人たちを振り落とそうとしていたかもしれない」「自己中心的な病にかかっていたのだ。この病にかかると自分を取り戻すのはむずかしい」「どんな人間も『自分は楽をしたい。自分だけは楽をしたい』という気持ちを持って育ってきたのだ」

11 「人間だから」（視点3のサ）

僕は一二〇％カンダタと同じことをするだろう。人間として自分が助かりたいと思うのは当然であり自然だと思う。けれども、このように考えない人もいるのも人間だ。「自分だけ助かっても意味がない。みんな助かってはじめて本当の幸せだ」と。でも、このことは本当だろうか。自分が助からないとどうにもならないし、自分のまわりの人だってみんな「自分だけでも」と思っているだろう。それでも「みんな一緒に」と言える人がいるなら尊敬する。そういう思いはすごく正しいことだと思う。けれどもそれができないのも人間だ。

関連する他の生徒の感想

「人間の激しい欲や自己愛の強さ、恐怖に落ちた人間、つまり私たちの隠しようもない本当の姿なのだろう」「人間の汚点をありのままに表したのだと思う」「カンダタにとって大切な人生だからこそ、自分だけでも助かりたいという気持ちになるのだ」「自己中心的なところを直そうといくらでも言えるけれど、行動するとなると人生の中で一番難しい問題だと思う」「自分は一番だと思ってしまうものも自己中心的だ。自分はパーフェクトだと思うのも自己中心的だ」

12 「本当のやさしさとは」（視点3のシ）

自分が助かるか他人が助かるかどちらかを選ぶとしたら、誰だって自分を選ぶ。それなのにお釈迦様は糸を断ってしまった。カンダタにとって希望だった糸を断った。人間だったら誰でも持っているような自己中心的なところを見せただけなのに……。カンダタは何の希望も持てない地獄に落されたのだ。極楽への糸はもう二度とたらしてはもらえない。お釈迦様はカンダタに一番つらい罰を下したとしか思えない。

お釈迦様とは善意のかたまりのような人ではなかっただろうか。人間の心の中の隠れた暗いところをもっとわかってもいいんじゃないかと思った。

②　生徒の課題文の分析

「カンダタはどうしてあのような言葉しか言えなかったのか、どうして一緒にのぼっていこうという気持ちになれなかったのか、その理由を考えてみよう」という課題について生徒が考えた理由を考察してみよう。

〈カンダタの行為の原因を彼の人格や価値意識に求めた〉

カンダタの行為を人間に共通した弱さにあるとした第二の視点や、生きたいという本能や抑制できない人間固有の自己中心性にあるとした第三の視点はそれぞれに貴重であるが、カンダタ自身の人格にあるという第一の視点は、見落としてはいけない基本的な視点である。すべてを個に求めることはできないが、個の部分が欠落していては生き方教育の基盤がなくなる。

生徒たちはカンダタの現状を、彼自身と彼を取り巻く人々との関係でとらえている。厳しいだけでなくやさしいまなざしも見える。この部分は、自己中心性を克服する日常的で具体的な方法が予見できている。このような考察からは自己中心性の安易な容認には移行しないだろう。

〈究極の場面に直面した人間の一般的傾向に原因を求めた〉

第二の視点は、カンダタのような行為は日常で起こり得ることだと考えている。ここでは、自己中心的行為がどういう状況で起こるのか予測している。自己中心的行為が簡単に克服できるような問題ではないことを実感するのであろう。生徒たちはそのような難しい中にも「正しい気持ちを瞬時に働かすには、かなりの経験と努力が必要だと思う」と、それに対応する方法を見つけようとしている。

カンダタだけの問題ではなく自分自身の問題として、人間の一般的な問題として真面目にこの問題に取り組んでいる。安易な結論や判断はしていない。

〈生存の欲求や幸福追求の欲望に原因を求めた〉

第一の視点は個の問題として第二の視点は人間の問題として考えられているが、第三の視点は自己中心性そのものが考察の対象になっている。学級の半数の生徒たちがこれを理由にした。どうしてよいかわからない自己中心性そのものが生徒たちの課題になったのではないだろうか。

5　授業展開

『蜘蛛の糸』は一学年の三学期に合計五時間をかけて展開した。一時間または二時間の授業にくらべて生徒の状況に対応できたように思う。各時間の学習活動と学習内容と学習目標をまとめておこう。生徒たちには、小学校のときの半知教材としてではなくて、新しい文学作品として取り組ませる。若き日に『蜘蛛の糸』としっかり向き合うことも大切ではないだろうか。

① 学習活動と学習内容と学習目標

一次は『蜘蛛の糸』の全文を読む。二次は『蜘蛛の糸』の感想を自分の着眼点を中心にまとめる。三次は「カンダタはなぜできなかったか」の課題を与えられて取り組む。四次は「カンダタはなぜできなかったか」の一二事例を三つの視点で読む。五次ではじめて教師による意図的な授業を受ける。

表3で授業展開全体を明らかにし、五次の内容は今後の授業展開のためにも詳しくまとめておく。

指導上の留意点

一次は感想をまとめるようなことには触れないで鑑賞に専念させる。音読練習を取り入れて文体に慣れるとともに内容理解を図る。

二次で感想文を書くときは、いつものように、全体の感想でなくて本文のある一部分に注目して感想をまとめることとを確認して取り組ませる。

三次では、生徒はいつものように前時の感想文を使って読み合う活動を期待していると思う。生徒には、感想文でいろいろな状況を把握し分析しているので、それをもとに、みんなでカンダタのある部分について再度状況把握と分析に取り組む課題を設定したことを説明する。感想文はあとの時間で紹介することを予告する。また、カンダタの判断や行為は仕方がないという生徒たちの認識に揺さぶりをかけるところであるが、このことについては触れない。

四次は生徒たちの一～二の課題文とともに、他の生徒の関連する感想の抜粋も一緒に示す。三つの視点で分けているので視点ごとに印刷し、視点1、2、3の順に読み合う。視点1で「しかたがない」では済まされないところがあることに気付いて欲しいのである。

一次から四次は、感想文と課題文による生徒の活動と自主的な学びが中心であって、教師はそれを組織したに過ぎ

表３　『蜘蛛の糸』の授業展開

	学習活動	学習内容	学習目標
1次	全文を読む。語句解釈や音読練習を中心にする。感想文は2次で書く。	朗読させると感銘する。学級で朗読を楽しむ。『蜘蛛の糸』の鑑賞に専念する。	考えたいところが次第に見えてくる。着眼点が見えてくる。
2次	『蜘蛛の糸』の感想を自分の着眼点を中心にして、原稿用紙1枚程度にまとめて提出する。	自分の着眼点をもとに自由に大胆に状況把握と状況分析をする。文章に整理する。	自分の考えを表出する楽しさを実感する。
3次	「カンダタはなぜできなかったか」の課題を与えられて取り組む。原稿用紙1枚程度にまとめて提出する。	カンダタができなかった原因を、いままでの人間観察で蓄積したものをもとに推測し探究する。	自己中心的行為のまわりの状況把握をすることで、自己中心性が抱えている問題が次第に明らかになる。
4次	「カンダタはなぜできなかったか」について、12事例を3つの視点で読み合う。	12事例の内容を理解するとともに、自分が考えなかった見方や考え方があることを知る。	3つの視点の特徴を理解し、この3つの視点から自己中心性の問題をとらえるとともに、今後の自分の課題にする。
5次	自己中心的な行為が及ぼす結果について指摘した友達の4例をもとに、自己中心的な行為の結果について検討する。	自己中心性の克服が自他の幸福につながるという見方の存在を知るとともに、そのことを受け入れるかどうか自分たちの今後の課題になることを理解する。	カンダタの問題から私たちの問題に転換する。自己中心的な行為の内容検討から、その克服へと課題を転換する。

ない。五次は、これまでの授業のまとめとして教師による総括的な授業を設定する。生徒が自己中心性についての自己課題をつくるためには、教師による指導が必要であろう。

②「蜘蛛の糸」のまとめの授業

主　眼

カンダタの状況および行為に代表される自己中心的行為について、多方面から状況把握や状況分析ができたことを確認する。自己中心的行為を解決しようとするには、自分だけでなく他者の自己中心的行為についても、そして、自己中心的行為の原因と結果についても見通せるようになっていなければならないことを知る。自己中心的行為の克服について、ケーラスの「教訓」の内容を知る。

授業で使用する資料

・四次の三つの視点と1〜12の課題文
・三次の表1のオに関する四つの感想文(7「本当の罪人」　8「罰が当たるよりも」　9「みんなの心の物語」　10「欲望の選択」)
・ポール＝ケーラスの「教訓」

表４　「蜘蛛の糸」のまとめの授業の展開（５次）

学習活動	学習内容
1　前時学習を想起する。 　４次の12の事例と３つの視点について、共感するところや疑問に思うことについて感想を述べる。	1　自己中心性を考える視点 ・個人の課題という視点 ・人間に共通した弱さに関する視点 ・人間の基本的な欲求に関する視点
2　カンダタの問題を自分たちの問題として見直す。 ・カンダタの問題として考えてきたが、大部分は自分たちの問題としてとらえていたことを確認する。 ・「カンダタは」でなくて、「私たちは」として読み直す。	2　自己課題としての自己中心性 　生徒自身の問題、さらに人間一般の問題として考えられてきたこと、『蜘蛛の糸』はそのための問題提起であることを知る。
3　「自分の自己中心的行為を解決するにはどうしたらよいのか」という問題について考える。 ・日常的な場面においても、見方を変えれば、カンダタのような究極の場面だと考えられることも多いことを実感する。	3　学習目標の確認 　私たちは自己中心的行為にどう取り組むかという課題の存在 ・はっきりした解決方法をすぐに見つけることはできない。 ・これからの生き方として考えねばならないことに気付く。
4　自己中心的行為の結果について、友達の感想文７、８を読む。 ・自己中心的行為の結果として、自他ともにマイナスになるというメッセージは正しいかどうか。 ・具体的な事例を出し合う。	4　自己中心的行為の結果について、自他ともにマイナスになるという見方
5　自己中心的行為の直前の状況を友達の感想文11、12で検討する。 ・自己中心的行為を生まない状況があることに気付く。 ・ケーラスの「奇跡の力」の文章を読む。	5　ケーラスの「奇跡的な力」を知る。 ・自己中心的行為を生まない状況 　目的に向かって集中していた時。熱中しているとき。 ・自己中心的行為が、自他ともにマイナスの結果を生むことが納得できたとき。 ・ケーラスの「奇跡的な力」
6　まとめ 　自己中心性のことが少し見えてきたことを認め合う。	6　まとめ 　「自分の自己中心性を克服することが自他の幸福につながるのではないか」ということをこれからの課題にする。

第二節　自己中心性を日常の事例をもとに理解する展開

第一節は『蜘蛛の糸』を中心資料にして五時間をかけた授業について述べた。一時間目から五時間目まで、資料『蜘蛛の糸』から離れることはなかった。前年度はこれとは反対に、一時間目の途中から資料『蜘蛛の糸』から離れた授業を試みている。

この前年度の授業は、資料『蜘蛛の糸』を中心資料にはせずに、私たちの日常的な自己中心性を考えるための問題提起に使ったのである。そのために、通常は書かせる感想文も省略して、『蜘蛛の糸』を読んだあとに「自己中心性を自分たちの日常の事例をもとに理解する」課題に取り組ませた。このような展開にした理由は、『蜘蛛の糸』のどの場面もあまりにも極端な状況であり過ぎるために、生徒たちがそれをもとに自分たちの問題として自己中心性をとらえることが難しいと考えたためである。問題を抽象的にとらえ過ぎて堂々巡りを繰り返すことを畏れたのである。「資料に振り回され、這いずり回る授業」になることを避けたためである。

前年度のこの授業のあとに、第一節で述べたような最後まで資料『蜘蛛の糸』にこだわる授業に取り組んだのである。一節の授業を検証するためにも、この節で述べるような授業も取り上げることにした。資料をめぐるこのような異なる展開は他の資料でもあることで、それぞれの長短についても考えたい。

1　自己中心性を具体化する課題

①　課題の内容

『蜘蛛の糸』を生徒に黙読させたあとに、教師が全文を朗読し課題を与える。カンダタの行為を「悲しく痛ましい」

と表現し、非難や判断を前面に出さずにカンダタを含めた私たちの中の自己中心性を理解し自覚するところから始めさせようとした。生徒たちを含めてだれでもが持っている自己中心性についてより深く把握させることを目指したのである。

課　題

カンダタの場合、「自分だけよければ…」という気持ちは、生きるか死ぬかという大きな場合だったと思います。ぷっつりと切れた「くもの糸」については、悲しく痛ましいことだと思います。今日は、日常の小さなことで、自分自身のことや他の人や社会の人のことで、「自分だけよければ…」と思ったり行動したりすることについて、書ける範囲のことでよいですから、書いてください。

②　生徒が取り上げた自己中心性に関する事例

1　自動車が狭い道に入って来た。僕は自転車に乗っていた。僕は前に進みたかったのに進めなかった。このとき、「なぜこんな狭い道にこの自動車は入ってくるんだ！」と思った。これは自己中心的だと思う。

2　僕にとって忘れられないことは、僕が小学生の時、学校で遊んでいけないところで遊んでいて、先生に怒られました。そのとき、僕といっしょに遊んでいた中の一人が逃げていきました。その人のことを僕達は許せず、ずっと無視していましたが、その人は明るく楽しい人だったので、それまで明るかった僕たちの仲間内が急に暗くなりました。人の良さはその人がいなくなってからでないとわからない。自分たちのアホさに反省して、やっとその人とも仲良くなりました。

3　小学校の時、あまり好きでなかった友だちとみんなで遊びに行く時、そのきらいな友だちには理由をつけて来させないようにした。

4　パスワード入力でモンスターを出すゲームのことです。僕がパスワードを入力して出したモンスターが強かった。そのとき、友人にパスワードを聞かれたけど忘れたと言って教えなかった。

5　自分さえよければ……と思うときが僕にもあります。そして、すぐに「なんであんなことをしたんだろう」と思います。カンダタは、そんな後悔は感じないで、自分さえよければとばかり思っていたようなので悪いことは悪い。でも、お釈迦さまもちょっとつめたいと思いました。

6　欲望は、それに自分が気付いているかどうかだけではだめだと思う。大切なことは、自分がその自己中心的な欲望を自分でとめられるかどうかだと思う。気付いていないより気付いていたほうがはるかにいいと思うけれど、自分の自己中心的なやり方を止められなければ、結局変わらないと思う。

7　僕も、自分さえよければいいと思ったことは何度でもあります。でも、ほとんどの人がこのように思ったことがあると思います。でも、まわりの人のこともよく考えて行動しなければいけないとは思います。

カンダタは、いままで気付かずに登ってきたのに、切れそうだからといって自分だけ助かろうとするのはよくないと思いました。自分が迷惑だと思ったことは他の人にしてはいけない。何をするのも、ほかの人に迷惑かそうでないかを考えなければいけない。例えば、自転車などが壊れたからといって道路の端に捨てたりするのはよくないと思う。自己中心的なことは自分で気付き、それをあまりしないようにしようと思った。

8　『蜘蛛の糸』のカンダタは、自分の欲のために他人を犠牲にしようとして罰が下ったと思います。ドロボウは、自分の欲望のために他人を犠牲にします。ドロボウもカンダタも、欲望のかたまりだから自己中心的だと思います。実際に、カンダタのような自己中心的な人はたくさんいると思います。僕も自分を中心に考えたりすることが多いと思います。

大人はどうでしょう。ものすごく自己中心的な人がいます。例えば、犬の散歩で犬のフンをほったらかしにする人や、僕たちが並んでいるところに無理やりに入り込む人もいます。大人もそういう所があると思います。動物にもあると思います。ノラネコがけんかをしてまわりに迷惑をかけたり、フンをどこにでも放置したり、ゴミ袋を食いちぎってまわりをグチャグチャに汚したりします。地球上の生きものは、みんな自己中心的なことをしていると思います。カンダタのようにならないために、自分で自分の自己中心的な面に気付くことが大切だと思います。

③　友だちの文をもとに再度「自己中心性」を考える

友だちの1〜8を読み、そのどれかについて自分の考えをまとめている。このような活動をとおして自己中心性の問題を次第に具体的に自分たちの問題として意識するようになる。

①　僕は、1の文を書いた人はとても偉いと思います。どうしてかというと、僕だったら、「なぜこんな狭い道にこの自動車は入ってくるんだ！」で終わるけれど、1の文を書いた人は、このことを自分勝手だと思ったからです。

②　僕は、2の人のような経験をしたことがあります。僕が小学校三年生の時、親友だった友だちと大ゲンカをしてしまい、僕は自己中心的になり無視をしはじめ、その親友も無視をするようになりました。そして、今考えてみるとそんなバカらしいことを僕は二年間も続けてしまったのです。そのまま、永い日々が続きました。しかし、小学校五年生の時に、二人ともバカらしいことに気付きやっと仲直りをして、今でもときどき遊んでいます。2の人の意見を読んで思い出しました。

僕は、この人のいい所は、僕みたいにずーっと引きずらず、すぐに仲直りした所がよかったと思います。僕も親友がいなくなり急に暗くなったのですが、なかなか言い出せなくてこんなバカらしいことをしてしまったと思います。だから、ケンカなどしてもすぐに仲直りしたいと思います。これからの生活も自己中心的なことをしても、素直に認めて少しずつ自己中心的なことを減らしていきたいと思います。

③　僕は3の人と同じようなことをしてしまったことがある。僕と合わせて六人で遊ぶ約束をしていたけれど、ある友だちが僕に「A君はきらいだから来させないようにしてくれないか」と頼んできた。僕はその場でOKした。

そして、僕はA君に「遊べなくなったから今度遊ぼう」と言った。僕たちは予定通りに五人で遊んだ。

次の日、僕はA君と仲直りしたけれど、このことでA君と口ゲンカもした。僕は、自分は悪くない、来させないようにしてくれと僕に頼んだ人が悪いのだと思った。でも、よく考えてみると、自分のほうがもっと悪いと気付いた。来させないでくれと頼まれた時、その場で考えて「それは、やめた方がいいよ。せっかく遊ぶ約束をしたのに、その人がきらいだからといって来させないようにするのはいけないと思う」と言えばよかったと思った。僕は、あの時、すごくいけないことをしてしまったことを、「自己中心的」なことをしてしまったことを後悔している。

④　僕が自己中心的だと思ったことを、他の人は自己中心的ではないと判断するかもしれません。他の人と自分の考えはとても違います。僕は、養護学校に通っている人を気持ちが悪いと思ったことがあります。しかし、養護学校に通う人にとっては「自分が好きでなっているわけではない」のだから、こんなことを思った僕は自己中心的です。8について、生きものはすべて自己中心的だと思う人と自己中心的ではないと思う人がいます。自分の思ったことと他の人の思ったことの違いは、とても大きいものだと思います。これから、他の人の意見と自分の意見を両方を大事にしていきたいと思います。

⑤　8は僕が書いた。8について反対意見がでたとき、猫が引っかくことを発言しようかどうか迷った。でも僕は発言した。僕が小学生の六年の時、友だちが猫に引っかかれたのだ。とても痛そうだった。猫はやはり狂暴だったと思う。猫が引っかいたのは生きるためではないと思った。猫を保護しようとしたらすぐ引っかいたり反抗す

る。猫は自分勝手に生きようと思っている。自分勝手な猫だと思う。

みんなが言ったことにも意味はあるけれど、みんなが言ったことは、生きるためにはどんなことでもしていいということだと思う。特に、僕と反対の意見にあった「生きるためにどんなことをしてもいい」といったことが僕はとてもいやだった。


つぎの⑥、⑦、⑧は友だちの文章にとらわれずに、自己中心性について自分の考えをまとめている。これも、友だちの文が起爆剤になっている。

⑥　「自己中心的」という言葉を使うための心得
「自己中心的」はよく聞く言葉です。普段、まわりの人のことを「自己中」と言っている人もよく考えるとそれも自己中心的といえると思います。その原因は私たちの生活にあります。私たちは、まわりの人に少なからず、絶対といっていいほど迷惑をかけています。そのことを思い直し反省し、まわりの人への気配りができてこそ、まわりの人に「自己中」などという言葉が使えるのだと思います。しかし、いつもそういう訳にはいきません。

人間は、いや地球上に存在するすべての生命が、まわりのものに迷惑をかけていることがわかります。私も、「自己中」に変わりはありませんが、自分のまわりに対する自己中心的な言動も、すこしはわかっているつもりです。私たちは、もうすこし、まわりのことを思いやる心のゆとりを持ってもいいと思います。

⑦　僕は自己中心的だ

僕は自己中心的だ。でも自己中心的な人は許せない。そういう考え方も自己中心的だ。だからこういうことをなくしたい。他の人も、そういうことをなくせばいいと思う。

自己中心的な性格を直すには、まず、自分がそういう性格だと気付くことだと思う。そして、気付くだけではなくて、それを直そうとすることが大切だと思う。自分がそういう性格だと気付かない人がいる。その人たちには、まわりの人が教えてあげればいいと思う。そうすれば、きっと気付いて自分で直そうとすると思う。

僕は自己中心的な考えをするから、自分で直そうとしている。僕だけじゃなくて、他の人たちも、自分の性格に気付いて自分中心的な考えを直すといいと思う。自己中心的なだけに、そう考えないで逃げたりする。

僕は、他の人の文章を読んで思うことは、自己中心的な人は、どんなことでも他の人に対して自分がよければいいという行動を取った人全員だと思う。しかし、全員といっても、いつも自己中心的な行動をする人もいれば、時々やってしまうけれど本当は友だちのことをすごく考えている人もいてそれぞれに違う。自己中心的な人は自己中心的なだけに、やられた相手のことを考えずに逃げたりする。相手はすごく悲しんでいるのに、自分だけはヘラヘラと能天気な気分でいる。とてもいけないことだ。やってしまった後で、相手のことが心配になり「ごめん」と謝っただけでも、やられた相手はやった人を本当はいい人だと思えるだろう。そうすると考えも変わって仲良くなれるはずだ。そういう人はすばらしい。謝らないし気付かない人は罪な人だと思う。

⑧　人間の欲望

人間はみんな自己中心的だと言うが、他の人のことを考えている人だってちゃんといる。だが、人間はそんな人ばかりではない。大部分が自分中心的な人だ。だからと言ってみんな他人のことばかり考えていたら、自分のことがおろそかになってしまう。たまには自己中心的な行動も必要なのだと思う。でも、そんなことばかりしているとみんなから白い目で見られる。そのバランスがとれている人が、いまの人間の社会には必要なのだと思う。

2　生徒の課題文の分析

第一節の課題とは異なる課題なので、生徒の内容もそれに対応した特徴が見える。

①　いろいろな自己中心性を問題にする

自分自身の経験を語る生徒も多く自己反省的な考察が目立った。いままでの道徳の時間では少なかったが、ときには自己反省の時間があってもよいのではないだろうか。

生徒は、自分の体験だけでなく、他者や社会一般や動物にまでその範囲を広げている。特定の資料に限定されないで自己中心性を語るのだから、生徒の関心のままにどこまでも考える範囲を広げることができている。そこでは自己中心性に関係すると思われる内容を取捨選択し、取捨選択の中から自己中心性に関わる行為を生徒なりに再検討するのであろう。「僕と反対の意見にあった『生きるためにどんなことをしてもいい』については僕はとてもいやだ」のように、動物の本能の肯定はそのまま人間の欲望の肯定につながる危険を察知する意見も出てきてそれなりに内容を深めたようだ。

②　自己中心的行為の否定を全面に出す

「自己中」または「自己ちゅう」という言葉が生徒間で通用しているように、自己中心的な考えや行為は生徒たちの日常でも問題になっているのだろう。生徒たちはいろいろな事例を挙げてその迷惑さを率直に表明している。

『蜘蛛の糸』を中心にした第一節の課題文は、人間の基本的な欲求として自己中心性はしかたがないけれど容認するというものが多かったのに比較して、ここでは他者の具体事象をもとに明確に否定している。

③　生徒の価値意識にどこでどのように負荷をかけるか

自分の価値意識を自由に表出して判断するよさは、生徒のこのような文章が実証している。自らの価値意識を表出させることは、その内容を整理し客観化するための大切な活動である。

それとともに、自分の価値意識だけでは扱いかねるような問題に取り組ませることは、自分の価値意識を最大限に活動させるとともに、その中に新しい見方や考え方を加えていくことができる活動ではないだろうか。第一節の「カンダタはなぜできなかったか、その原因を考えてみよう」という課題がこれに該当する。

一般的には、「カンダタはなぜできなかったか、その原因を考えてみよう」のような生徒の価値意識に負荷をかけて新しい見方や考え方を迫るような課題と、「自己中心的な行為について、自分の体験などをもとに書ける範囲のことでよいから書いて見ましょう」のような自己判断をもとに考察する課題が考えられる。どちらを主にするかは生徒の状況や価値の内容や授業展開の方法によって決められることであろう。

第三節　自己中心性を題材にすることについて

『蜘蛛の糸』に関する二つの授業は課題の設定に大きな違いがあるが、共通していることはどちらも「自己中心性」や「自己中心的な行為」を中心的な題材にしていることである。これまでの道徳授業では「自己中心的な行為」そのものを題材にすることはなかった。そのように考えると、『蜘蛛の糸』に関する二つの授業は、どちらもいままでの授業の枠組みからすこしズレているのである。

1　内容項目における「自己中心的な考え方や行為」の位置付け

中学校学習指導要領解説の道徳編で示されている内容項目の中では「自己中心的」「利己的」という用語は含まれていない。中学校の三年間に生徒が自覚を深め自分のものとして身に付け発展させていく必要があると考えられた「内容項目」には入っていない。「自己中心性の克服」を道徳的価値を含む内容として正面からは扱っていないのである。

ただし、「内容項目の指導の観点」では、2の2と、4の1、4の3、4の4の四項目に否定すべき考え方や行動として「自己中心的」「利己的」の用語が取り上げられている。望ましい行為を阻害する人間のマイナスの現象として取り上げられているのである。

内容項目2の2「温かい人間愛の精神を深め、他の人々に対し感謝と思いやりの心をもつ」では、「しかし、人間的な交わりの場が急速に少なくなりつつある社会状況と合わせて、人間愛への欲求不満から、とかく**利己的、自己中心的**になりやすく、他を省みない行動に走ることがある」。

内容項目4の1「自己が属する様々な集団の意義についての理解を深め、役割と責任を自覚し集団生活の向上に努める」では、「指導に当っては、自分が所属する集団にのみ目が向き過ぎると、自分たちの利益のみを追求し、自分とかかわりが薄いと思われる集団や成員に無関心であるばかりか、排他的になりかねない。このような**利己心**や狭い仲間意識を克服し、協力し合って，集団生活の向上に努める態度を育てることに留意する必要がある」

内容項目4の3「公徳心及び社会連帯の自覚を高め、よりよい社会の実現に努める」では、「また、既成のものに対する反発が出てくる年代ではあるが、本来**自己中心的**で自分勝手な言動を良くないと思う心が内面には十分あり、だれもが望むよりよい社会の実現については大人より純粋に考えることが出来る」。

内容項目4の4「正義を重んじ、だれに対しても公正、公平にし、差別や偏見のない社会の実現に努める」では、「指導に当っては、自己中心的な考え方から脱却して、公のことと自分とのかかわりや社会の中における自分の立場に目を向け、社会をよりよくしていこうとする気持ちを大切にする」。

このように、中学校の道徳授業における「自己中心的な考え方や行為」は、それ自体を考察の対象にはしていないが、禁止されねばならない内容として必要なところでしばしば登場しているのである。

2　自己実現のための普遍的な価値としての追求

自己中心的な行為や考え方の否定は、「内容項目の指導の観点」だけでなく、民話や童話で繰り返されている。このことは、自己中心的な行為が共に生きていこうとするときに大きな障害になることを、それを克服することが容易でないことを示しているのではないだろうか。

このようなものについて過度な否定の繰り返しは、生徒に罪悪感や劣等感を深めさせるだけで、本来の目的である自己中心的な行為の克服への意欲を削ぐことになりかねない。どこかでこの自己中心性についてゆっくり考えさせる時間が必要ではないだろうか。

①　他者や社会でなく自己の幸福追求の視点の導入

自己中心的な行為を克服することは、自己を犠牲にして他者や社会のためにだけ必要なことだという視点だけでないことを理解する学習ができるのではないだろうか。真の自己犠牲については困難であるけれども、もっと日常的なところで観察すると、自己中心的で利己的なものから脱却することが自分自身のためになることを実感できるような事例は多い。このことに気付かせ納得させる学習があると思う。

このような現実的な対応は、ポール＝ケーラスやトルストイの「教訓」や「解釈」とは異なる。かれらは「生命は神が付与したものであり、個人の所有ではない」という宗教的な基盤から考えている。すべてを神の手に委ねられている存在として、「向上し正義の尊い道に入ろうとするまじめな願いの奇跡的な力を知らなかった」ことは、厳しく指摘されねばならないことであろう。ポール＝ケーラスが、緊張感もなく容認しようとする私たちとは全く違ったところから、自己中心性を厳しく否定していることは留意しておきたい。

しかしながら、そのような宗教的な基盤を持たない私たちでも、「まじめな願いの奇跡的な力」の存在を予見できそうな感覚を持っていそうに思えるところが興味深い。

結論として、「自己中心性の克服」は、友情や公徳心や社会連帯を実現するための前提条件のように扱わないで、自己実現のための普遍的な価値として追求させることを考えてもよいのではないだろうか。

② 徳目的に扱わない工夫

「自己中心的な考えからの脱却」を自己実現のための普遍的な価値として追求させようとするとき危惧されることは、それを抽象的に徳目的にしてしまうことではないだろうか。

今後の課題は、自己中心的な行為を克服することが、他者や不特定多数の社会の人々のためだけでなく、自分自身の自己実現のためであることをその年代にふさわしいかたちで理解させることだろう。私がこのように考えるようになったのは、ポール＝ケーラスの「教訓」やトルストイの「解釈」の影響もあるだろうが、自分自身に当てはめてみると納得できることが多いことに気付いたからでもある。

自己中心的な行為を克服することが自分の自己実現のために必要であるということは、視点を変えなければ見えないし気づかない見方であり、考え方であろう。中学生には具体的な状況を想定した納得の行く学習が必要である。

学級内や学校内で成績やスポーツの成果を競うときに、競うことだけを考えると友だちと教え合ったり助け合ったりすることは考えられないことかもしれない。競うことだけにこだわってこのような協働の機会を逃してしまうと、相手の実力が伸びないだけでなく自分自身の実力も伸びなくなってしまう。小さなこだわりを乗り越えて一緒にがんばり助け合うことができたら、どんどん伸びて行くことができるのだろう。もし競い合うものがあるとしたら、それは自分のすぐ側で同じようにがんばっている友だちではないことを明確に理解させ納得させるべきではないだろうか。

事例をもとにしたこのような理解なら生徒たちにとって可能である。年齢を重ねるにしたがって、この見方や考え方の内容に広がりや深まりが生まれるのではないだろうか。

③　現行の内容項目による意図的な指導

内容項目の「友情」「強い意志」「公正・公平、社会連帯」の事例や学級内の具体場面でも、「自己中心性」を取り上げるときは、中途半端な徳目的な納得のさせ方は避け、そのための時と場所は慎重に選び、衝撃的に一気に教え込むことが必要であろう。

2の3「友情の尊さを理解して心から信頼できる友だちをもち、互いに励まし合い、高め合う」は、友情がいかに大切かという点に重点がおかれている。その中でしばしば直面する自分自身の自己中心的な考えや行為の誘惑に対して、「自己中心的な考えからの脱却」は双方に多くのプラスのものを与えることを教えるチャンスである。そのときには、「友情」と「自己中心性」のどちらに重点をおくかを決めて効果的に展開したい。同様に、1の2「より高い目標を目指し、希望と勇気をもって着実にやり抜く強い意志をもつ」ことは、自分だけの問題ではなく必ず他者とどのような関係を持つかが問われる。ここでも、「自己中心性の克服」はその内容を高めるための鍵になる。

【参考文献一覧】

小笠原道雄編『道徳教育原論』福村出版、一九九一年
押谷由夫『新しい道徳教育の理念と方法』東洋館出版社、一九九九年
金井　肇『道徳指導の基本的構想理論』明治図書、一九九六年
金井　肇『生き生きした道徳授業のつくり方』明治図書、一九九三年
林　忠幸『体験的活動の理論と展開』東信堂、二〇〇一年
林　忠幸編『新世紀・道徳教育の創造』東信堂、二〇〇二年
福岡教育大学附属小倉中学校『楽しい道徳の授業　中学校道徳資料別実践事例』一九八三年
見田宗介『価値意識の理論』弘文堂、一九九六年
村井　実『教育学入門』講談社学術文庫、一九七六年
文部省『小学校学習指導要領解説　道徳編』一九九九年
文部省『中学校学習指導要領解説　道徳編』一九九九年
文部省『中学校　読み物資料とその利用』一九九四年
高橋　進監修　副読本『中学生の新しい道』文教社、二〇〇二年
横山利弘監修　副読本『中学生の道徳　自分を考える』暁教育図書、二〇〇〇年
大村はま『教えるということ』共文社、一九八二年
芥川龍之介『蜘蛛の糸・杜子春』新潮文庫、一九九九年
大越和孝『金子みすゞの詩の授業』明治図書、一九九四年
なかえよしを・上野紀子『りんごがたべたいねずみくん』ポプラ社、一九八九年
西岡常一『木のいのち木のこころ　天』草思社、一九九三年
小川三夫『木のいのち木のこころ　地』草思社、一九九三年
塩野米松『木のいのち木のこころ　人』草思社、一九九四年
寺沢　龍『薬師寺再興　白鳳伽藍に賭けた人々』草思社、二〇〇〇年
ドストエフスキー『カラマーゾフの兄弟』新潮文庫、一九九九年

おわりに

公立中学校の職を辞して四年、直接質問を受けたわけではないけれども、どうしてそんなに道徳教育にこだわるのと、私のまわりの方々は思っているに違いない。ライフワークとして取り組んできた中学校の数学教育でなくて道徳教育にこれほどまでにこだわるとは、私自身でも予想していなかった。理由は「楽しいから」という単純なものである。

道徳教育へのかかわりは、一九八三年に研究主任としてたずさわった福岡教育大学附属小倉中学校の学校研がスタートだった。当時、文部省教科調査官であった金井肇先生や先輩方のご指導のもとに完成した『楽しい道徳の授業 中学校道徳資料別実践事例』がすべての出発点だったように思う。

最初の頃は、道徳授業は生徒たちの価値意識の形成に直接かかわらなければならないと考えて、そのような生徒の内面形成に関与することを畏れていた。「なにをどのように」指導するのか、はっきりしていなかったのである。そのような私が道徳教育に取り組めるようになったのは、金井先生から道徳的価値と一人ひとりの価値意識との関係を明解に教えていただいたからである。それは、生徒の感想文のおもしろさやすばらしさに気付き始めた頃でもある。

長い中学校の教職経験から、中学校の道徳授業には多くの課題が残されていることを痛感していた。自分の生き方を切実に求めている若者たちに、私たちはなにを与えてきたのだろうか、と。あれだけフォークソングが好きな若者、あれだけ歌うことが好きな若者たちは、そのメロディだけではなくその語りに心を寄せているのではないだろうか。そのような若者である中学生が果たして心の底から道徳の授業を「楽しい」と体験しているのだろうか。そして、先生たちは道徳の授業を楽しんでいるのだろうか。

私には、ささやかではあるが、生徒たちと楽しい道徳授業を共有した経験がある。私は、道徳の授業を特別なものとは考えずに、教科と同じような学習活動としてその成立をめざしてきた。数学の授業で展開したさまざまな指導理念や指導方法を道徳の授業に取り入れてきた。その展開は単純でもあるし、理念と技法とが錯綜した混沌としたものでもある。そこで、いままでの自分の実践を見直し、整理し直してみようと考えた。まず福岡教育大学大学院に進学し、道徳教育や教育学を勉強し直すことにした。また幸いにも、私立中学校の一年生の二学級を年間通して二年間指導することができたので、その継続的な実践において道徳授業を見直すことにした。

この本に引用している生徒たちの感想文や課題文は、事例としては多過ぎるかと思う。それは、中学校の道徳授業でも生徒たちがこのように活動することを、生徒たちの文章を通して表明したかったからである。また、中学校の道徳授業で同じような展開をされたとき、比較資料としてこれらの感想文を活用されることを期待したためでもある。

生徒たちの文章について、過大評価をしているところがあるかもしれない。実際、授業をしていると、生徒の反応がこのようにすばらしいと思えるようになるのだろうと受けとめてくださることを願っている。

この本の出版にあたっては、修士論文の指導教授だった福岡教育大学名誉教授林忠幸先生にお世話になった。監修と出版社の紹介を快く引き受けてくださった。修士論文の延長線上であるとはいえ、新しく赴任された神戸親和女子大学でご多忙であるにもかかわらず、著書としての構成から個々の事例の検討にいたるまで長期間にわたってご指導いただいた。心からお礼を申しあげたい。大学院修了のときに先生からいただいた「人間性は筆舌に尽くし難く　教育はこよなく楽し」と書かれた色紙は、人間の奥深さと教育の楽しさをいまも私に教え続けている。

表紙は、現在デザイン部門で活躍している、教え子の江良正和君にお願いした。彼は、私が学級担任として道徳授業をしていたときの生徒で、当時の彼の道徳ノートの表紙もすばらしかった。楽しい表紙をありがとう。

最後に、東信堂の下田勝司社長と編集部の松井さんに心からお礼を申し上げたい。この著書が日の目をみることができるようになったのは、下田社長の格別のご配慮のおかげである。また、松井さんには、装丁といい構成といい、立派な本に仕上げていただいた。ありがとうございました。

平成一四年二月一二日

品川利枝

著者略歴

品川　利枝（しながわ　としえ）

昭和13年　東京都に生まれる。
昭和35年　福岡学芸大学中学課程数学科卒業。
北九州市の中学校教諭、福岡教育大学附属小倉中学校教諭、北九州市立教育センター指導主事、主幹を経て、北九州市立高見中学校、広徳中学校、霧丘中学校の校長、九州国際大学付属中・高等学校開設準備室室長代行（平成11年）、九州国際大学付属中・高等学校副校長（平成12年）を歴任。
平成12年　福岡教育大学大学院教育学研究科修了。
現　在　福岡教育大学非常勤講師（道徳教育の研究）、日本道徳教育方法学会評議員。

表彰・受賞　中学校教育功労者（平成９年　文部大臣）
第９回上廣道徳教育賞優秀賞（財団法人上廣倫理財団）

現 住 所　〒802-0974　北九州市小倉南区徳力４丁目９-12
Tel 092-962-5230

中学校・道徳授業の新機軸――「書く活動」により道徳的価値の自覚を深める

2002年 6月 5日　初 版　第１刷発行　〔検印省略〕

＊定価はカバーに表示してあります

（序　林　忠幸）
著者 © 品川　利枝／発行者　下田勝司　印刷・製本　中央精版印刷

東京都文京区向丘1-20-6　振替00110-6-37828
〒113-0023　TEL（03）3818-5521　FAX（03）3818-5514
E-Mail　tk203444@fsinet.or.jp

発 行 所
株式会社 東　信　堂

Published by TOSHINDO PUBLISHING CO., LTD.
1-20-6, Mukougaoka, Bunkyo-ku, Tokyo, 113-0023, Japan

ISBN4-88713-442-8　C3037　￥2381E　ⒸToshie Shinagawa